C.C. Buchner

Unterrichtswerk für Latein

Herausgegeben von
Clement Utz und Andrea Kammerer.

Das Arbeitsheft 2 wurde erarbeitet von
Katharina Börner, Reinhard Heydenreich,
Michael Lobe und Andreas Rohbogner.

Über weiteres fakultatives Begleitmaterial zu FELIX Neu informiert Sie
C.C. Buchner Verlag · Postfach 1269 · D 96003 Bamberg.

1. Auflage, 4. Druck 2018

Alle Drucke dieser Auflage sind, weil untereinander unverändert, nebeneinander benutzbar.

Dieses Werk folgt der reformierten Rechtschreibung und Zeichensetzung. Ausnahmen bilden Texte, bei denen künstlerische, philologische oder lizenzrechtliche Gründe einer Änderung entgegenstehen.

© C.C. Buchner Verlag, Bamberg 2010
Das Werk und seine Teile sind urheberrechtlich geschützt. Jede Nutzung in anderen als den gesetzlich zugelassenen Fällen bedarf der vorherigen schriftlichen Einwilligung des Verlages. Das gilt insbesondere auch für Vervielfältigungen, Übersetzungen, und Mikroverfilmungen. Hinweis zu § 52 a UrhG: Weder das Werk noch seine Teile dürfen ohne eine solche Einwilligung eingescannt und in ein Netzwerk eingestellt werden. Dies gilt auch für Intranets von Schulen und sonstigen Bildungseinrichtungen.

www.ccbuchner.de

Grafik und Satz: ARTBOX Grafik und Satz GmbH, Bremen
Druck und Bindung: creo Druck & Medienservice GmbH, Bamberg

ISBN 978-3-7661-**7563**-2

Liebe Schülerinnen und Schüler!

„Wenn einer eine Reise macht, dann kann er was erzählen."
Dieses Sprichwort trifft auch auf euch Lateinschüler zu. In Begleitung von FELIX habt ihr schon eine große Strecke auf eurer Reise durch die römische Welt zurückgelegt. Viel Neues habt ihr erfahren über das Leben der Römer und vor allem über ihre Sprache.

Damit ihr auch weiterhin gut gerüstet seid, haben wir euch wieder einen „Reiseführer" zusammengestellt, der euch mit seinen Übungen helfen wird, euch ohne große Umwege in der Landschaft der Wörter und der Grammatik zurechtzufinden. Einige Übungen kennt ihr bereits, andere sind neu dazugekommen. Mit vielen von ihnen werdet ihr nicht nur den aktuellen Stoff trainieren, sondern auch noch einmal zu „alten Stationen" eurer (Sprach-)Reise gelangen.

Das heißt: Die einzelnen Kapitel dieses Arbeitsheftes bieten euch die Möglichkeit, viele Wörter, die ihr schon früher gelernt habt, zu wiederholen. Auch im Bereich der Grammatik werdet ihr immer wieder auf „gute Bekannte" treffen; denn „alte Freundschaften" soll man ja pflegen.

Wann und in welchem Umfang ihr eueren „Reiseführer" zu Rate zieht, entscheidet ihr selbst. Teilt euch die Lektüre ein, dann wird sie euch von größerem Nutzen sein. Die meisten Übungen könnt ihr in diesem Heft anfertigen, für Übersetzungen legt ihr euch wieder ein eigenes Heft an. Die Lösungen im hinteren Teil des Heftes solltet ihr nicht selbst aufbewahren, sondern eurer Mutter oder eurem Vater geben. Denn jeder muss seinen Weg selbst finden.

Wir wünschen euch dabei eine gute Reise!

35 Soldaten und ihr Lohn

1. Verbinde die zusammengehörigen Satzteile jeweils mit einer Linie und übersetze:

a) Apollo deus ab hominibus — felix dicitur.
b) Vos, qui mihi auxilio venistis, — a multis „Croesus" ducitur.
c) Homo vitam sine vitiis agens — a nobis familiaris putaris.
d) Tu, qui semper verbis nostris aures das, — comes Musarum vocatus est.
e) Is, cui magna pecunia est, — a me amici appellamini.

2. Übersetze:

a) Imperatorem, qui fines imperii auxerat, Romani potentem putaverunt.
b) Hominem, qui numquam animum demittit et omnia mala sustinet, omnes fortem dicunt.
c) Puellam, cuius conspectu delectamur, pulchram appellamus.
d) Oportet eum virum senatorem facere, qui homo magnae virtutis est.
e) Plato, qui multos libros (Bücher) composuit, dixit: Philosophos (Philosophen) reges facite!

3. Bilde die entsprechenden Fälle:

tu/vos: → Dativ → mit Präposition **sine** → Akkusativ → mit Präposition **ab**

___

ego/nos: → mit Präposition **ab** → Akkusativ → mit Präposition **de** → Dativ → mit Präposition **pro**

___

4. Welche deutsche Übersetzung passt zu welchem Genitiv? Verbinde durch Linien:

homo magnae virtutis — teuer
servus multorum annorum — sehr alt
res parvi pretii — fröhlich
femina mentis laetae — sehr tüchtig
res magni pretii — billig

Doppelter Akkusativ – Genitiv der Beschaffenheit

5. Mogetissa träumt von seiner Entlassung aus dem Militärdienst. Übersetze:

Hodie imperator noster mihi libellum dabit, quo me civem Romanum faciet. Cunctos milites, qui in castris sunt, arcesset. Tum dicet: „Tu semper miles magnae virtutis eras, Mogetissa. Etiam in rebus angustis fortis eras. Sed nunc laboribus tuis finis adest. Epistula, quae Roma huc missa est, in manibus meis est. Qua non solum tibi, sed etiam familiae tuae civitas datur." – Tandem dicere potero: „Civis Romanus sum."

6. Adverbien und Fragewörter
Trage jeweils eine deutsche Bedeutung in das Kreuzworträtsel ein:

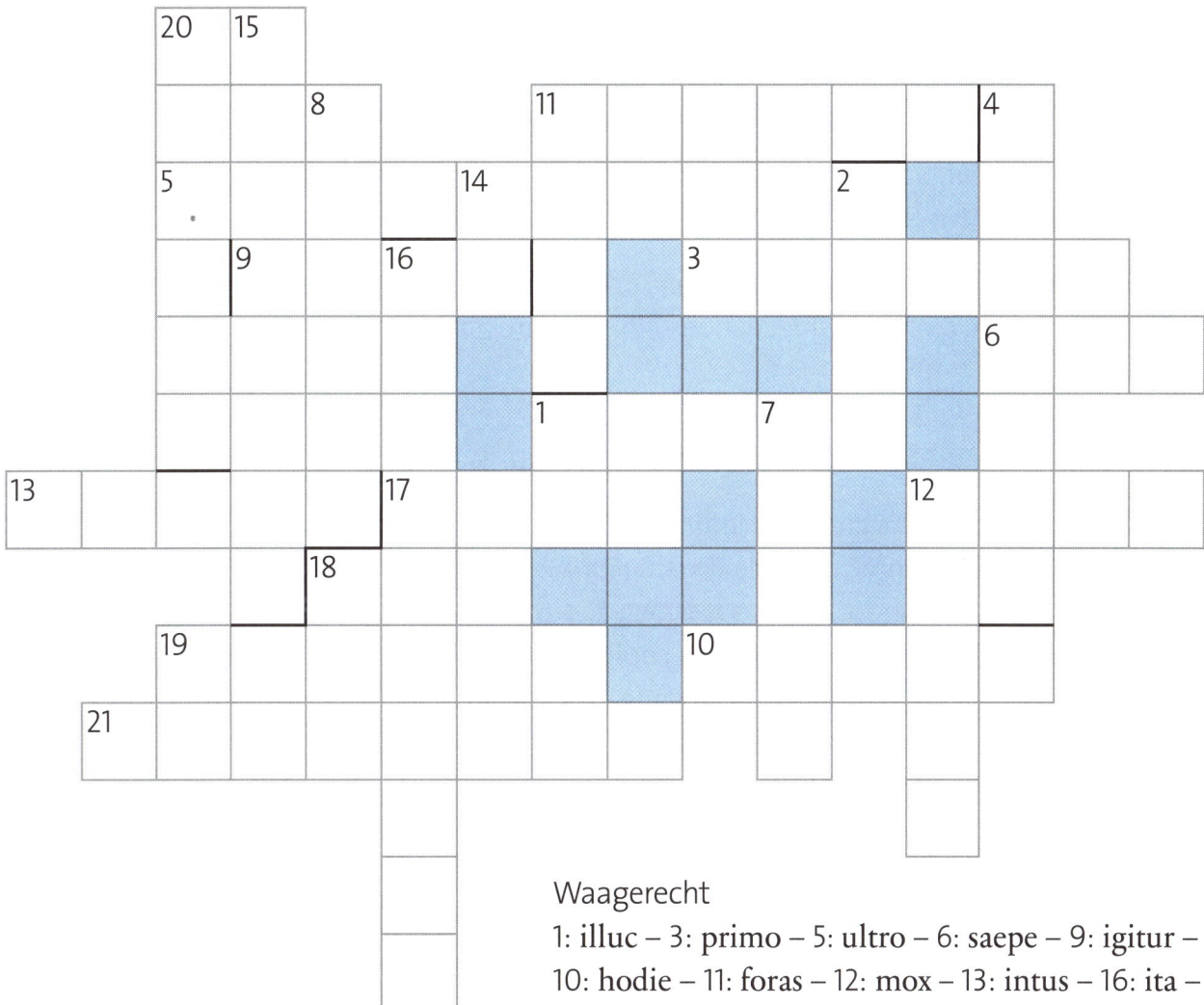

Waagerecht
1: illuc – 3: primo – 5: ultro – 6: saepe – 9: igitur – 10: hodie – 11: foras – 12: mox – 13: intus – 16: ita – 17: domum – 18: quis – 19: primum – 21: scilicet

Senkrecht
2: libenter – 4: immo – 7: semper – 8: raro – 11: hic – 12: quaeso – 14: ubi – 15: imprimis – 16: certe – 20: statim

Erlebnisbäder der Antike

1. Sätze, die man so oder ähnlich immer wieder zu hören bekommt.

→ Ich bin genervt. Du lässt mich nicht ausreden. *(kausal)*

→ Heute Nachmittag kommst du ja vom Sport heim. Bitte bring vom Bäcker noch Brot mit. *(temporal)*

→ Du willst rausgehen? Trag vorher den Müll raus! *(konditional)*

→ Ich bin völlig gestresst. – Du willst immer nur auf dem Sofa sitzen und fernsehen. *(konzessiv)*

→ Heute Vormittag habe ich die Wäsche in dein Zimmer gebracht. Ich bin gleich rückwärts wieder hinausgegangen. – So eine Unordnung! *(temporal)*

→ Du hast weniger mit deinen Klassenkameraden telefoniert. Du hast gleich viel bessere Noten bekommen. *(modal)*

a) Bilde aus den deutschen Hauptsätzen jeweils ein Satzgefüge (Hauptsatz und Gliedsatz). Notiere auf einem gesonderten Blatt.

b) Verbinde die deutschen Hauptsätze mit „und" und mache den adverbialen Sinn jeweils deutlich, indem du ein entsprechendes Adverb einfügst.

2. Übersetze mit Unterordnung und Beiordnung:

a) Multa discentes multa comprehendimus. *(konditional, modal)*
b) Amicus in nates (Hinterteil) cadens risit. *(konzessiv)*
c) Servus a domino liberatus multas lacrimas fudit. *(kausal, temporal)*
d) Libellum a te laesum habere non iam cupio. *(kausal)*
e) Multa discentes adhuc pauca cognovimus. *(konzessiv)*

Übersetzung mit Unterordnung:

a) *(konditional:)* _____

   (modal:) _____

b) _____

Partizip als Adverbiale (Überblick)

c) *(kausal:)* _____

   (temporal:) _____

d) _____

e) _____

Übersetzung mit Beiordnung:

a) *(modal:)* _____

b) _____

c) *(kausal:)* _____

   (temporal:) _____

d) _____

e) _____

3. Satto besucht die Thermen.
Übersetze. Wandle dann die unterstrichenen lateinischen Adverbialsätze in Partizipialkonstruktionen um:

Satto, postquam a servis salutatus est, vestem deposuit. Tum Quintus amicus, quia Sattonem conspiciebat, ad eum accessit et eum verbis laetis salutavit: „Salve, amice! Tune mecum corpus exercere vis?" Satto, dum ea audit, risit et dixit: „Ego, quamquam libenter tecum corpus exerceo, hodie nullo modo currere possum. Nam somnus brevis fuit. Si in palaestram (Sportplatz) contenderimus, me e thermis portare debebis." Tum Quintus respondit: „Tu homo ignavus (faul) es!"

Umwandlung in Partizipialkonstruktionen (**Participium coniunctum**):

_____

_____

_____

37 Wer ist schuld?

1. Muss ein Säugling auch eine Fahrkarte lösen? Übersetze:

Constat ius Romanorum fontem iuris nostri esse. Illi ius dederunt, quod ab hominibus huius temporis adhuc conservatur.
Haec res iterum atque iterum homines illius temporis commovit:
Haud raro magister[1] navis uxori praegnanti[2], quae nave iter facere volebat, dixit:
„Si in nave mea infantem[3] pepereris, etiam pro infante tuo pecuniam a te poscam. Nam tum duo eritis! Nisi pecuniam mihi dederis, te in ius vocabo!"
Itaque iudices hoc modo de illa re iudicaverunt:
Magister a femina, quae, dum in nave eius est, infantem peperit, pecuniam poscere non debet, quia vectura[4] infantis magna non est.
Hoc iudicium etiam nostris temporibus valet.

[1] *magister* Kapitän – [2] *praegnāns, ntis* schwanger – [3] *īnfāns, ntis* Baby – [4] *vectūra* Fahrtkosten

a) Gib zu den Substantiven, die du im Text findest, den Nominativ Singular und das Genus an:

_____

_____

_____

b) Ordne die Verben des Textes nach der Art der Perfekt-Bildung, soweit du die Perfektform bereits gelernt hast:

s-Perfekt	u-Perfekt	Dehnungs-perfekt	Reduplikations-perfekt	v-Perfekt

Demonstrativpronomina (hic, ille)

c) Ordne die Subjunktionen des Textes den folgenden adverbialen Sinnrichtungen zu:

temporal: _____

konditional: _____

kausal: _____

2. Übersetze die folgenden Partizipialkonstruktionen im Deutschen mit einem Relativsatz.
Setze dann die Partizipien und deren Bezugswörter in den Plural bzw. in den Singular:

a) mercator in taberna negotia agens: _____

b) pecus in agris vastis huc et illuc currens: _____

c) servus crimina acerba non iam sustinens: _____

d) cohortes hostes a finibus prohibentes: _____

e) bona a senatore empta: _____

f) miles auxilio veniens: _____

g) libellus a familiari Romam missus: _____

1. Die Nöte eines Schülers. Bestimme die Ablative im Text und übersetze:

Iterum atque iterum mater paterque me reprehendunt: „Omnibus diebus linguam Latinam (die lateinische Sprache) discere debes."
Scio me discere debere. Sed non per omnem diem discere possum: Iis diebus, quibus multa alia facere oportet, linguam Latinam paulum neglego.
Cur non intellegunt me machinam (Maschine) non esse?

2. Füge die passende Form des Possessivpronomens ein und übersetze:

a) Cum hospitibus _____ (noster) tectum relinquimus.

b) Fabulas _____ (tuus) non ignoro: Semper contendis te res ingentes gessisse.

c) Mercator bona _____ (suus) e flammis servavit.

d) Crimen _____ (vester) non comprehendo: Nihil feci!

e) Imperator milites _____ (suus) iussit arma deponere.

f) Nos familiaribus _____ (noster) auxilium mittere oportet.

g) Diogenes, philosophus (Philosoph) praeclarus, saepe dixit: Omnia _____ (meus) mecum porto.

h) Liberorum _____ (noster) causa naturam servare debemus.

3. Übersetze:

a) Multi homines omnia sibi cupiunt – aliis nihil concedunt.
b) Dominus ministros a se ad multos senatores misit. Ministros iussit eos ad cenam vocare et secum domum ducere.
c) Diogenes dixit se vitam contentam agere. Saepe dicebat sibi bona non esse et itaque sibi curas non esse.

4. Bilde jeweils die Tempusreihe:

alere (2. Pers. Sg.; *Aktiv*): _____

augere (1. Pers. Pl.; *Aktiv*): _____

conservare (1. Pers. Sg.; *Passiv*): _____

tendere (3. Pers. Pl.; *Passiv*): _____

fundere (2. Pers. Pl.; *Aktiv*): _____

respicere (3. Pers. Pl.; *Aktiv*): _____

5. Am Spielplatz

Du kommst an einem Spielplatz vorbei und beobachtest einen kleinen Jungen, der ratlos vor diesem Schild steht. Formuliere den deutschen Text so um, dass der Junge versteht, was eigentlich gemeint ist. Verwandle dabei die fettgedruckten Präpositionalausdrücke in Adverbialsätze.

Trotz vieler Warnungen musste dieser Spielplatz im vergangenen Jahr **wegen notwendig gewordener Reparaturen** gesperrt werden. Deshalb weist die Gemeinde noch einmal auf folgende Verhaltensregeln hin:

- **Bei der Benutzung der Spielgeräte** ist darauf zu achten, dass diese pfleglich behandelt werden!
- **Aufgrund des erhöhten Unfallrisikos** (Glatteis) ist das Spielen während der Winterzeit grundsätzlich verboten!

Im Falle wiederholter Zuwiderhandlung kann die Gemeinde Platzverbot aussprechen. Nur wenn die oben genannten Regeln eingehalten werden, kann vermieden werden, dass folgendes Schild noch einmal angebracht werden muss:

„**Wegen mutwilliger Beschädigung** geschlossen."

Ihre Gemeindeverwaltung

38 Streik in Rom

1. Streik in Rom – die Vorgeschichte. Übersetze:

Die Unzufriedenheit der Plebejer war schon lange sehr groß. In dieser explosiven Stimmung brauchte es nicht viel, um das Fass zum Überlaufen zu bringen. Das Schicksal eines alten, völlig abgemagerten und in Lumpen gekleideten Mannes, der in seinem Elend auf dem Forum auftauchte, verstörte und erboste die anderen Plebejer vollends.

Plebeii senem, qui quondam miles clarus fuerat, magni aestimantes quaesiverunt: „Quid evenit? Cur nemo tibi, qui etiam cohortibus praefuisti et in pugnis omnia bene temperavisti, consulit?" Tum ille respondit: „A patriciis coactus sum villam rusticam, agros, familiam relinquere et nationes infestas subigere[1], quibus illi imperare cupiebant. Semper mihi salus et vita mea parvi fuerunt. Nos omnes viribus nostris numquam temperavimus! Sed quid nunc est? Patricii res nostras non curantes curis carent – nos, quia inopiam[2] effugere non potuimus, nostris bonis caremus. Haec est causa omnium malorum, quae sunt inter nos et illos." Tum multas cicactrices[3] ostendens plebeiis persuasit se patriciis resistere debere.

[1]subigere *unterwerfen* – [2]inopia *Not* – [3]cicactrix, icis *f Narbe*

2. Die Chemie des lateinischen Adverbs

In folgendem „Molekül" finden sich 17 Adverbien. Schreibe sie heraus und übersetze sie:

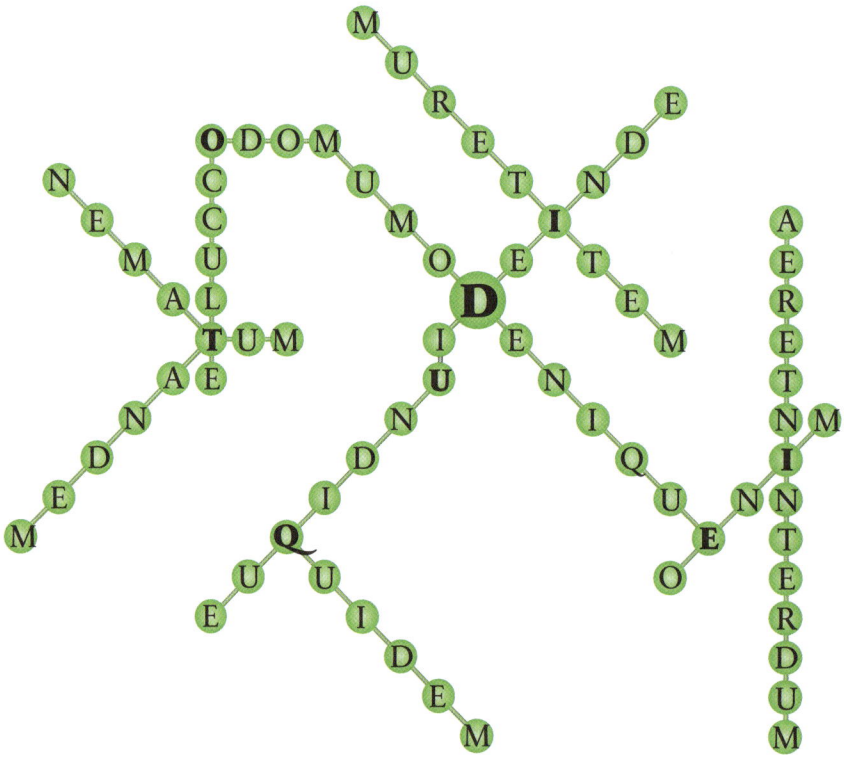

Komposita (Zusammenfassung) – Kasusrektionen

3. Wetten, dass du Wörter richtig übersetzen kannst, die du eigentlich noch gar nicht gelernt hast?

Im Begleitband, S. 62, hast du erfahren, wie lateinische Komposita gebildet werden und welche Bedeutung die Präfixe dabei jeweils haben.

Zur Erinnerung:

ab- (a-, abs-)	weg-, ab-	abesse
ad- (ac-, at-)	hinzu-, dabei	accedere
com- (col-, con-)	zusammen-	componere
de-	herab-, weg-	deponere
dis- (di-, dif-)	auseinander-	discedere
ex- (e-, ef-)	heraus-	educere
in- (il-, im-)	hinein-, darin-	im-portare (!)
per-	(hin)durch-	permittere
pro-	(her)vor-	procedere
re-	zurück-, wieder-	retinere

Neu kommt hinzu:

prae-	vorne-, voraus-	praeesse

Übersetze nun folgende Verben:

inesse – disponere – inducere – proponere – praeponere – recedere – reducere – remittere – reponere – praemittere

4. Maus und Löwe. Übersetze:

Quondam leo[1] sub caelo otio se dedit et nonnullas horas quievit. Ne musculos[2] quidem sensit, qui prope ludebant et huc et illuc currebant.
Unus ex iis nullo modo metuens ad caput leonis occulte accessit et in aure eius consedit. Illic leonem quiescentem etiam risit. Ne tum quidem leo sensit se a musculis circumdatum esse.
Subito autem, quia musculi nimis clamaverant, e somno excitatus est[3]; musculum nimis fortem, cum de capite eius descenderat, dextra manu comprehendit.
Musculus autem, postquam intellexit se mortem effugere non iam posse, multas lacrimas fundens leonem oravit: „Domine, qui totam naturam temperas, da mihi, qui omni vi careo, veniam! Aures mihi da: Verus dominus is ducitur, qui etiam animalibus parvis consulit. Praeterea hoc audi: Si tu in calamitate eris, ego quoque tibi utilis esse potero."
Tum leo musculum, postquam his verbis ei persuasit, dimisit.
Brevi tempore leo, quem homines in vincula dederant, animo tristi iacebat; clamore suo omnia animalia, quae in silva erant, perturbavit perterruitque. Sed musculus regi animalium auxilio venit: Laqueum[4], quo leo retinebatur, circumrodens[5] eum liberavit.
„Sic tandem", inquit, „tibi gratias agere possum – nam semper memoria tenebo te viribus tuis temperavisse; semper memoria tenebo me a domino vero liberatum esse. Et tu memoria tene auxilium parvorum animalium etiam maximis interdum utile esse!"

[1] leō, ōnis *Löwe* – [2] mūsculus *Maus* – [3] excitātus est *er wurde aufgeweckt* –
[4] laqueus *Strick* – [5] circumrōdere *ringsherum benagen*

Ein Bauer als Diktator

1. Vervollständige die Tempusreihe zu den Verben aus **L 39**, Z. 1–14:

Präsens	Imperfekt	Futur I	Perfekt	Plusqpf.	Futur II
			placuit		
				posita erat	
	erat				
	colebat				
			inierunt		
		peribimus			
					restiteris
			respondit		
			abii		
		subibo			
			audiverunt		
				cognoverant	
			movit		
			iussit		

2. Übersetze:

Nos omnes scimus Cincinnatum virum honestum fuisse. Is a senatoribus arcessitus in forum iit et ibi Romanos oratione acri movit. Post orationem milites in foro collegit. Ante lucem cohortes ex urbe eduxit. Copiae, postquam paucas horas iter per agrum publicum fecerunt, in fines hostium pervenerunt. Postquam ad castra hostium venerunt, proelium inierunt et hostes pugna superaverunt. Sic Cincinnatus intra paucos dies ea, quae senatores iusserant, perfecit.

ire (mit Komposita)

3. Präpositionen-„Molekül"

Welche Präpositionen finden sich?
Kreise sie ein:

(Buchstaben im Molekül: A-R-T-N-I-N, N-T-E-R-A-D, C-O-N-T-R-A, T-S-O-P, A-N-T-E-X, P-E-R, U-D)

4. Grille und Ameise. Übersetze:

Postquam ver¹ rediit, etiam cicada² carmina canens initium anni novi salutavit. Semper in arbore sedens canebat et, quia sol clara luce totam naturam delectabat, animi laeti erat. Tum autem venti acres tempus brumale³ indicaverunt. Quo modo cicada perterrita est eique in mentem venit copiam nondum a se collectam esse. Hac copia tempore brumali cenam sibi parare voluit. Sed item intellexit nunc sero⁴ esse.
Itaque futura timens formicam⁵ adiit: „Tibi, quia per totam aestatem⁶ frumentum collegisti, magna vis cibi est. Da mihi, quaeso, parvam huius partem. Si eam a te accepero, vitam agere potero. Si non …"
Formica autem respondit: „Te non ignoro: Quid tu hac aestate fecisti? Ego per multos menses ingentes labores suscipiebam – te autem iuvabat vitam iucundam agere. Ego contendebam et properabam et currebam – tu autem indignum putabas laborare et fructus capere; immo naturam carminibus laudabas, nihil faciebas. Num minister tuus sum? Igitur cane etiam nunc! Refove⁷ corpus carminibus tuis! Cena carmina tua!"

[1]vēr, vēris *n Frühling* – [2]cicāda *Grille* – [3]tempus brūmāle *n Winter* – [4]sērō *zu spät* – [5]formīca *Ameise* – [6]aestās, ātis *f Sommer* – [7]refovēre *wärmen*

Gänse retten Rom

1. Ein weiteres berühmtes Tier der Antike: Argos, der Hund des Odysseus. Übersetze:

a) **PARS PRIMA**

De illo Polyphemo et de dolo, quo Ulixes, rex Graecorum, Polyphemum vicit, iam audivisti. Nunc autem de eius cane, qui Argus nominatus est, tibi narrare volo:
Cum Ulixes ceterique imperatores Troiam contenderunt, Argus adhuc canis parvus erat. Ulixes, postquam Troiam pervenit, illic nonnullos annos contra Troianos pugnavit. Decimo tandem anno Graeci munitionem occupaverunt. Postea Ulixes decem annos per maria navigavit. Idem maxima pericula subiit – iterum atque iterum ex iis exiit. Dum ea omnia sustinet, unam rem cupivit desideravitque: Ad uxorem et filium redire voluit.

b) **PARS SECUNDA**

Interea autem in Ulixis patria multa mutata erant:
Cives, quia diu rege suo carere debebant, dixerunt Penelopam, coniugem Ulixis, alteri viro nubere debere. Itaque undique adulescentes convenerunt, qui Penelopam ipsam in matrimonium ducere[1] studebant: „Unum e nobis elige[2], regina!"
Tum nemo Argum, canem miserum, curavit; nemo ei cibum dedit. His rebus solum, quae a hospitibus cenantibus relictae erant, mortem effugit. Idem in stercore[3] quiescere debuit; muscae[4] pediculique[5] eum torserunt.

c) **PARS TERTIA**

Dum ea eveniunt, Ulixes in insulam suam rediit. Mox omnia perspexit, mox comprehendit se ipsum, regem insulae, in periculo esse. Nam scivit se ipsum inimicum adulescentium esse: „Si me Ulixem esse intellexerint, me necabunt. Totam rem familiarem inter se dividente." Iterum dolo pugnare coactus est:
Vestibus mendici[6] indutus[7] aedes suas intravit. Nemo eum animadvertit, nemo eum cognovit, ne Penelopa quidem vidit mendicum profecto maritum suum esse. Sed Argus vocem mendici audiens sensit dominum adesse. Quia multorum annorum erat, vix surgere[8], vix ad Ulixem accedere potuit.
Ulixes ipse lacrimas retinere studebat: Argum miserum manibus ambobus permulcebat[9]. Tum canis, qui maximae fidei erat, de vita decessit. Tristis Ulixes eum spectavit. Adulescentes autem, postquam Ulixem et Argum mortuum conspexerunt, ambos riserunt: „Ecce mendici. Ad stercus sunt – nam ipsi sunt stercus. Hahahae!"

[1]in mātrimōnium dūcere *heiraten* – [2]eligere *auswählen* – [3]stercus, ōris n *Mist* – [4]musca *Mücke* – [5]pediculus *Laus* – [6]mendīcus *Bettler* – [7]indūtus *bekleidet* – [8]surgere *aufstehen* – [9]permulcēre *streicheln*

Hierauf gab sich Odysseus seiner Frau Penelope zu erkennen, bewaffnete sich mit seinem Bogen, den außer ihm selbst niemand zu spannen vermochte, und erschoss alle Männer, die sich in seinem Hause breitgemacht und Penelope bedrängt hatten.

Pronomina **ipse** und **idem**

2. Ordne die Verben aus **1.** PARS PRIMA den entsprechenden Konjugationsklassen zu und gib die Stammformen an:

ā-Konjugation: _____

ē-Konjugation: _____

ī-Konjugation: _____

konsonantische Konjugation: _____

3. Bilde zu den Verben aus **1.** PARS SECUNDA die jeweils entsprechende Form des Präsens- bzw. Perfektstammes.

4. Schreibe aus **1.** PARS TERTIA die Substantive heraus und ordne sie den Deklinationsklassen zu. Trage das jeweilige Substantiv im Nominativ und im Genitiv Singular ein und gib dessen Genus an:

a-Deklination			o-Deklination			3. Deklination		
Nom.	Gen.	Genus	Nom.	Gen.	Genus	Nom.	Gen.	Genus

e-Deklination			u-Deklination		
Nom.	Gen.	Genus	Nom.	Gen.	Genus

41 Hannibals Hass auf die Römer

1. Trage in die folgende Tabelle Formen von **velle**, **nolle** und **malle** aus **L 41** ein. Vervollständige dann die Tabelle:

	Präsens	Imperfekt	Perfekt	Plusqpf.
Z. 2		volebat		
dt. Bedeutung		er wollte		
Z. 3				
dt. Bedeutung				
Z. 4				
dt. Bedeutung				
Z. 5				
dt. Bedeutung				
Z. 7		_____		_____
dt. Bedeutung		_____		_____

2. Bilde die entsprechenden Formen von **nolle** und **malle**:

velle	nolle	malle
vult		
volebas		
volueramus		
vis		
voluistis		
volebant		

nolle, malle – noli(te)

3. Verneine folgende Aufforderungen und übersetze die neu gebildeten Sätze:

a) Pater ad servos: „Properate in forum! Emite pisces (Fische)!"

Verneinung: _____

Übersetzung: _____

b) Mater ad Paulum: „Mane domi!"

Verneinung: _____

Übersetzung: _____

c) Hamilcar ad milites: „Inite proelium!"

Verneinung: _____

Übersetzung: _____

4. Übersetzungstest (Teil 1)

Muss man sein Wort halten? Im 1. Krieg der Römer mit den Karthagern wird der römische Konsul M. Atilius Regulus in Nordafrika gefangengenommen und von den Karthagern vor eine schwierige Aufgabe gestellt.

M. Atilius Regulus, consul[1] rei publicae Romanae, primo bello Punico[2] magno exercitui praeerat. Qui cum eodem exercitu in Africam transiit. Postquam Regulus multa oppida et castra cepit, Carthaginienses tandem eius exercitum circumvenerunt[3], imperatorem comprehenderunt, in vincula dederunt.

Tum imperatores Carthaginiensium a Regulo haec poposcerunt: „Volumus nostros milites, qui captivi sunt et Romae vitam miseram agunt, nobis reddi et domum redire. Malumus cum Romanis pacem facere quam iterum proelium inire. Iubemus te ipsum senatores adire et iis id nuntiare, quod poscimus. Tu nunc iurare debes: 'Nisi milites vestri domum redibunt, ego ipse Carthaginem redibo et capitis damnabor.' Noli nos decipere!"

Regulus hoc iusiurandum iuravit: „Nisi captivi reddentur, ipse Romae non manebo, sed Carthaginem redibo. Fidem meam servabo."
Deinde Regulus Carthaginem reliquit et multos labores itineris subiit.

[1] cōnsul, is *Konsul* – [2] Pūnicus, a, um *punisch, karthagisch* – [3] circumvenīre *umringen, umzingeln*

Hannibal ante portas

1. Übersetzungstest (Teil 2)

Regulus Romae statim senatum[1] adiit et condiciones Carthaginiensium nuntiavit. Senatores captivos reddere voluerunt. Tum Regulus irae vix temperavit et oratione acri animos senatorum convertere studuit: „Patres conscripti, nolite verbis Carthaginiensium confidere[2]! Non sine aliqua causa, non sine aliquo dolo Carthaginienses haec poposcerunt. Si quis putat Carthaginienses pacem facere velle cum Romanis, errat[3]. Nolunt pacem nobiscum facere.
Quod captivi adulescentes et milites boni sunt, Carthaginienses eos reddi cupiunt. Consulite rei publicae Romanae! Nolite reddere captivos! Ego hostibus ostendam Romanos magnae virtutis esse et fidem servare. Itaque Carthaginem redibo."
His verbis Regulus senatoribus persuasit se ipsum fidem servare debere, eos autem captivos reddere non debere.
Brevi tempore Regulus tristis, sed se ipso contentus Carthaginem rediit. Ibi profecto occisus est.

[1] senātus, ūs *Senat* – [2] cōnfidere *vertrauen* – [3] errāre *sich irren*

2. Dekliniere im Singular und Plural:

	aliqui victor	aliqua amicitia	aliquod iter
Nom. Sg.			
Gen. Sg.			
Dat. Sg.			
Akk. Sg.			
Abl. Sg.			
Nom. Pl.			
Gen. Pl.			
Dat. Pl.			
Akk. Pl.			
Abl. Pl.			

Indefinitpronomen (**ali**)**quis** – Prädikativum

3. Setze in den folgenden Sätzen das passende Prädikativum ein und übersetze:

tristis – puer – senex – supplex – primus – laetus – hostis

a) Hannibal _____ cum patre in Hispaniam transiit.

b) Imperator Carthaginiensium _____ exercitum et multos elephantos (!) Alpes traduxit.

c) Hannibal _____ hoc iusiurandum iuravit: „_____ Romanorum decedam."

d) Hannibal _____ in Syriam fugit. Ibi _____ decessit.

e) Romae cives de salute desperantes _____ manus ad caelum tollebant.

4. Ersetze jetzt die Formen des Pronomens **is** durch die entsprechenden der Pronomina **hic, ipse** und **ille**:

	Form von hic, haec, hoc	Form von ipse, ipsa, ipsum	Form von ille, illa, illud
a) eam mulierem →			
b) id iusiurandum →			
c) ei viro →			
d) eos senes →			
e) iis vestibus →			
f) eius gentis →			
g) eorum hostium →			
h) ab eo victore →			

1. Ein schwerer Raub wurde begangen – ein römischer „Kommissar" kommt an den Tatort. Übersetze die folgenden Fragen, die ihm dabei durch den Kopf gehen:

a) Quid evenit? – b) Ubi crimen evenit? – c) Quis crimen forte vidit? – d) Quis crimen postea indicavit? – e) Quis verum dicit? – f) Quis me decipere vult? – g) Quis falsa contendit? – h) Quo sceleratus effugit? – i) Quot bona rapta sunt? – j) Sceleratusne bona magni pretii rapuit? – k) Quis ea emet? – l) Cur sceleratus praeterea necem paravit? – m) Ubi bona a scelerato condita a ministris meis reperientur?

2. Ein Passant beobachtet einen ganz besonderen Zeitgenossen auf dem Markt von Karthago. Übersetze:

Ecce ille homo, qui ante tabernam stat. Quam superbo vultu bona spectat! Quam nobili vultu de pretio agit! Primum eum videns paene credidi ingentem rem familiarem ei esse. Sed diutius[1] eum spectans intellexi illum profecto non multa possidere. Nam illi antiqua tantum vestis est; calceamentum[2] illi est, quod magni (pretii) non est. Nunc constat mercatorem quoque eius verba parvi aestimare – nam dimittit illum inflatum[3]!

[1]diūtius *länger* – [2]calceāmentum *Schuhwerk, Schuhe* – [3]īnflātus *aufgeblasener Kerl*

3. Bilde die in Klammern angegebene Form des PPA zu folgenden Verben und übersetze das gebildete PPA zusammen mit dem Bezugwort im Deutschen mit einem Relativsatz:

a) abire (Dat. Pl.; servis): _____

b) movere (Gen. Sg.; verbi): _____

c) audire (Akk. Pl.; avos): _____

d) colere (Nom. Pl.; senatores): _____

e) ponere (Nom. Sg.; mercator): _____

f) respondere (Abl. Sg.; ministro): _____

g) perire (Abl. Pl.; hominibus): _____

h) velle (Nom. Sg.; puella): _____

4. Formenkette

Nunc verba repetere nolo, cum amicis ludere malo quam laborare.

→ 1. Pers. Pl. _____

→ 3. Pers. Pl. _____

→ 2. Pers. Sg. _____

→ 2. Pers. Pl. _____

→ 3. Pers. Sg. _____

5. Ersetze die Formen von **is, ea, id** durch die entsprechenden von **aliqui, aliqua, aliquod**:

a) eam mulierem _____

b) id iusiurandum _____

c) ei viro _____

d) eos senes _____

e) iis vestibus _____

f) eius gentis _____

g) eorum hostium _____

h) ab eo victore _____

6. Verbinde ein Substantiv bzw. einen Ausdruck aus der linken Spalte sinnvoll mit einem Kompositum von **ire**. Übersetze dann die Verbindungen:

consilium	adire
modum	redire
labores	inire
magistrum	subire
in portum	transire

43 Ein gefährlicher Sturm

1. Ordne die folgenden Genitive der Zugehörigkeit richtig zu und übersetze:

nautarum est – servorum erat – magistri est – militum est – praetorum erat – mercatorum est – liberorum est – imperatoris est – magistratuum est

a) _____ dominis parere.

b) _____ ad rem publicam accedere.

c) _____ ancoras tollere.

d) _____ liberos docere.

e) _____ patriam ab hostibus defendere.

f) _____ verba discere.

g) _____ negotia agere.

h) _____ ius dicere.

i) _____ exercitui praeesse.

Genitiv der Zugehörigkeit – Dativ des Zwecks und des Vorteils

2. Verbinde die Satzanfänge in der linken Spalte jeweils mit einem passenden Ausdruck aus der rechten Spalte. Übersetze die Sätze:

a) Anseres (Gänse) Iunonis deae custodibus Capitolii   timori erat.

b) Thermae Camboduno oppido   cordi erat.

c) Salus rei publicae Cincinnato   usui erant.

d) Romani et Hannibali et Hamilcari   ornamento erant.

e) Minotaurus Atheniensibus   curae erant.

f) Nubes atrae Silviae   odio erant.

3. Felix erzählt uns eine eindrucksvolle Geschichte von einem Delfin und einem Jungen. Übersetze:

Baiis[1] puer vivebat, cuius parentibus magna pecunia non erat. Cottidie[2] puer ab urbe Puteolos[3] ad ludum sui magistri ibat. Libenter puer in ludum iens ad portum Baiarum veniebat et piscibus[4] parva frusta panis[5] dabat. Saepe tristis secum cogitabat: „Quod meo patri non multa pecunia est, numquam per maria navigare potero."
Aliquo die puer iterum ad portum fuit et piscibus frusta panis, ut saepe faciebat, dedit, cum delphinus e mari emersit[6]. Gaudio affectus puer delphinum voce dulci allexit[7]. Profecto delphinus ad puerum natavit[8] et apud eum mansit.
Etiam proximo die delphinus ad portum natavit et cum puero ludere temptavit. Post nonnullos dies puer et delphinus amicitia coniuncti erant. Saepe delphinus puerum in dorso[9] portans per mare Puteolos natavit. Hic ludus nonnullos menses ambobus gaudio erat.
Subito autem puer morbo affectus[10] est et mortem obiit[11]. Iterum atque iterum delphinus ad portum Baiarum natabat et frustra puerum exspectabat; quod puer non iam veniebat, delphinus semper tristis portum relinquebat.
Denique etiam delphinus ipse mortem obiit.

[1]Bāiae, ārum *f Pl. Bajä (Badeort westlich von Neapel)* – [2]cottīdiē *täglich* – [3]Puteolī, ōrum *m Pl. Puteoli (heute Pozzuoli, ein Ort nahe Bajä)* – [4]piscis, is *Fisch* – [5]frūsta pānis *Brotstückchen* – [6]ēmergere, ēmergō, ēmersī *auftauchen* – [7]allicere, alliciō, allēxī *anlocken* – [8]natāre *schwimmen* – [9]dorsum, ī *Rücken* – [10]morbō afficī *erkranken* – [11]mortem obīre *sterben*

Pästum – Stadt der Griechen

1. Das Formentelefon
Bilde die Formen, die den folgenden Telefonnummern entsprechen, und übersetze sie:

1 ich	2 du	3 er, sie, es	4 wir	5 ihr	6 sie
1 ducere	2 opprimere	3 legere	4 colere	5 arcessere	6 spectare
1 Indikativ			2 Konjunktiv		
1 Imperfekt					
1 Aktiv			2 Passiv		

a) 33211 _legeret_ → _er läse / würde lesen_

b) 12112 _opprimebar_ → _ich wurde unterdrückt_

c) 65211 _arcesserent_ → _sie holten herbei / würden herbeiholen_

d) 66212 _spectabantur_ → _sie wurden angeschaut_

e) 54111 _colebatis_ → _ihr verehrtet / pflegtet_

2. Konjugiere im Konjunktiv Imperfekt auf Lateinisch und Deutsch:

	legere et respondere	lesen und antworten
1. Pers. Sg.	legerem et responderem	ich läse und antwortete
2. Pers. Sg.	legeres et responderes	du läsest und antwortetest
3. Pers. Sg.	legeret et responderet	er läse und antwortete
1. Pers. Pl.	legeremus et responderemus	wir läsen und antworteten
2. Pers. Pl.	legeretis et responderetis	ihr läset und antwortetet
3. Pers. Pl.	legerent et responderent	sie läsen und antworteten

Wiederhole diese Übung mit den Verben „velle et posse" und „abire et properare".

Konjunktiv Imperfekt – Irrealis (Gegenwart)

3. Übersetze die folgenden Verbformen. Achte auf den Modus!

1. naviga
2. possetis
3. non vis
4. complerentur
5. monent
6. traducent
7. perderent
8. animadvertis
9. perge
10. repetiveram
11. suscipite
12. este
13. iret
14. audiebamur

4. Titus schreibt seinem Freund Markus einen Brief. Übersetze:

Titus Marco amico salutem dicit!
Marce, iam nonnullas horas Paesti sumus et coloniam[1] a Graecis conditam spectamus.
Nunc in taberna sedemus et vires recreamus.
Tenesne memoria verba nostri magistri? Iam multa nobis de hac colonia et de Magna Graecia narravit. Gauderet, si sciret me nunc in ea regione esse.
Recte haec colonia magistro nostro admirationi[2] est. Iam multa aedificia spectavimus, imprimis tribus templis praeclaris commoti sumus. Etiam tibi haec templa placerent,
si tibi nunc ante oculos essent. Libenter tecum per vias Paesti irem.
Nave magna et pulchra ab Ostia usque ad portum Paesti navigavimus. Ante nonnullas horas navis nostra maxima tempestate iactatus est; itaque magno timore affecti sumus, sed magister navis summa cum diligentia navem per maris fluctus gubernavit[3].
Nunc nubes atrae nobis non iam curae sunt, sed sol nos delectat.
Libenter tibi plura narrarem, sed nunc portum Paesti petere et navem ascendere
nobis necesse est. Cum iter finiverimus (beendet haben), tibi a Sicilia epistulam
secundam scribam. Vale.

[1]colonia, ae *Siedlung* – [2]admīrātiō, ōnis *Bewunderung* – [3]gubernāre *lenken, steuern*

45 Ein seltsamer Passagier

1. Titus und Corinna erzählen Eugippus von ihrer bisherigen Reise. Übersetze:

Corinna: „Nisi tempestas remisisset, iter pergere non potuissemus. Nisi Licinius, magister navis, saluti nostrae providisset, navis nostra ventis adversis deleta esset. Nisi magna tempestate vexati essemus, delphini (!) diu comites nostri fuissent."
Titus: „Si diutius (länger) per vias Paesti issemus, maxima fame (famēs, is *f*: Hunger) vexatus essem. Si pater nobis diutius de Graecorum litteris narravisset, navis sine nobis portum Paesti reliquisset."

2. Formenstaffel für „Einzelkämpfer"

a) sedeo → 3. Pers. → Pl. → Imperfekt → Konjunktiv → Plusquamperfekt → Indikativ → 1. Pers. → Sing. → Präs.

b) scribit → Pl. → Futur → 1. Pers. → Imperfekt → Konjunktiv → 2. Pers. → Plusquamperfekt → 3. Pers. → Sg. → Indikativ → Imperfekt → Präsens

c) canimus → Sg. → Perf. → Plusquamperfekt → Konjunktiv → 2. Pers. → Pl. → Indikativ → Imperfekt → 1. Pers. → Präsens

---

Konjunktiv Plusquamperfekt – Irrealis (Vergangenheit)

3. Setze die Verbformen, die im Konjunktiv Imperfekt stehen, in den Konjunktiv Plusquamperfekt und übersetze den neuen Text:

Corinna: „Si tu magistro nostro semper aures dares, plus disceres."
Titus: „Nisi tu iterum atque iterum in ludo amicis aliquid narrares, non semper a magistro monereris."

4. Bestimme die folgenden Verbformen aus **L 45** nach Person, Numerus, Modus, Tempus und Genus verbi:

Verbform	Person	Numerus	Modus	Tempus	Genus verbi
mansissemus (Z. 1)					
delectantur (Z. 2)					
fuissetis (Z. 3)					
issetis (Z. 3)					
audivissetis (Z. 4)					
habuisti (Z. 5)					
agimus (Z. 14)					
optaveris (Z. 22)					

5. Eine Anekdote über den Philosophen Diogenes. Übersetze:

Quondam Diogenes philosophus per mare vastum Corintho in Asiam navigavit.
Postquam iter multorum dierum fecit, navis litori Asiae appropinquavit[1].
Quo in litore urbs sita erat, cuius turres altae et moenia ingentia erant. Diogenes altis turribus et ingentibus moenibus commotus magistro navis dixit: „Quanta urbs! Numquam putavi hic tantam urbem esse. Numquam antea talem urbem qualem hanc petivi. Corinthus ipsa non tanta est quanta haec urbs."
Brevi tempore navis portui appropinquavit. Sed nunc Diogenes vidit post moenia non magnam urbem sitam esse, sed parvam. Diogenes post nonnullas horas in foro urbis stans ad incolas: „Si procul tantum urbem vestram vidissem, a vobis deceptus essem. Obserate[2], cives, portas vestrae urbis! Nam vestra urbs per portas a-volare potest."

[1] appropinquāre *sich nähern* – [2] obserāre *verschließen*

1. Felix hat in die folgenden Reihen jeweils einen Störenfried eingeschmuggelt. Unterstreiche ihn und begründe kurz deine Entscheidung:

a) optare – imperare – petere – rogare

b) metuere – timere – rogare – periculum est

c) Konjunktiv – Imperativ – Infinitiv – Indikativ

2. Führe zu folgenden Fremdwörtern das entsprechende lateinische Wort und dessen deutsche Bedeutung an:

Fremdwort	Lateinisches Wort	Dt. Bedeutung des lat. Wortes
Sopran		
Gladiator		
adoptieren		
interrogativ		

3. Welche Wörter fallen dir zu folgenden zwei Gemälden ein? Fünf Begriffe pro Bild solltest du finden:

Dionysius

Damokles

Objektsätze (Begehrsätze)

4. Äolus, der Gott der Winde, hat wieder sein Unwesen getrieben. Füge die Sätze richtig zusammen und übersetze sie:

Titus et Corinna optabant		gladio interficeretur
Damocles tyrannum oravit		navis tempestate deleretur
Pater Eugippum oravit		vires in taberna recrearentur
Periculum erat	**ne**	verba Latina discerent
Cornelius avunculus (Onkel) optavit	**ut**	liberis de Diogene philosopho narraret
Damocles metuebat		sibi domum redire liceret
Scipio cives monuit		liberi aures darent
Magister liberos monuit		de salute desperarent

5. Noch eine Geschichte über den Tyrannen Dionysius. Übersetze:

Dionysio tyranno, de quo vobis iam narravi, filius eiusdem nominis erat, qui tam crudelis erat quam pater. Quod etiam filius plurimis civibus odio erat, Damon, vir magnae virtutis, eum necare temptavit. Sed Damon a custodibus captus et ad tyrannum ductus est, qui imperavit, ut is sceleratus interficeretur. Damon autem Dionysium oravit, ne statim interficeretur. „Ante mortem", inquit, „ad nuptias[1] sororis meae ire volo. Interea amicus meus tuus captivus erit et pro me mortem subibit, nisi ad tempus rediero." Dionysius propter illa verba Damonem ridens tamen ei triduum[2] concessit.

Tum Damon tyrannum reliquit et ad nuptias sororis suae iit. Post nuptias autem properavit ad tyrannum redire, quod periculum erat, ne amicus necaretur. Sed periculis variis Damon prohibitus est, ne[3] ad tempus rediret. Itaque tyrannus crudelis imperavit, ut Damonis amicus interficeretur.

Tandem Damon rediit et procul clamavit: „Noli interficere amicum meum, tyranne! Adsum. Fidem meam servavi." Tyrannus autem magna amicitia duorum virorum commotus lacrimas paene non retinuit et rogavit, ut tertius amicus esse sibi liceret.

[1] nuptiae *Hochzeit* – [2] trīduum *Zeitraum von drei Tagen* – [3] nē *(hier) dass*

32 W9

1. Bist du wieder Stammformen-Meister?
Ordne folgende Verben nach ihrer Perfektbildung richtig in die Tabelle ein und bilde anschließend die Stammformen:

a) neglegere – b) invenire – c) pellere – d) decipere – e) opprimere – f) arcessere – g) consulere – h) delere – i) comprehendere – j) movere – k) addere – l) metuere – m) studere

v-Perf.	u-Perf.	s-Perf.	Dehnungsperf.	Reduplikationsperf.	Perf. ohne Stammveränderung
f) arcessere	g) consulere	a) neglegere	b) invenire	c) pellere	i) comprehendere
h) delere	l) metuere	e) opprimere	d) decipere	k) addere	
	m) studere		j) movere		

Stammformenreihen:

a) neglego, neglexi, neglectum

b) invenio, inveni, inventum

c) pello, pepuli, pulsum

d) decipio, decepi, deceptum

e) opprimo, oppressi, oppressum

f) arcesso, arcessivi, arcessitum

g) consulo, consului, consultum

h) deleo, delevi, deletum

i) comprehendo, comprehendi, comprehensum

j) moveo, movi, motum

k) addo, addidi, additum

l) metuo, metui, —

m) studeo, studui, —

2. Formuliere lateinische Sätze:

	Subjekt	Adverbiale, Präpositionalobjekt		Objekt	Prädikat (Perf.)
a)	Avus	de	tempora antiqua	liberi	narrare
b)	Pater	ante	aedes praeclarae		manere
c)	Mercator	ex	taberna parva		currere
d)	Publius	ad	simulacrum Apollinis	amici	convenire
e)	Claudia	propter	iniuria turpis		tristis; esse
f)	Pompeiani	propter	nubes atrae		perterreri
	Ii	sine	ulla mora	tecta	relinquere
g)	Ulixes	sine	timor magnus	pericula	subire
h)	Mogetissa	pro	labores ingentes	civitas	accipere

a) _____

b) _____

c) _____

d) _____

e) _____

f) _____

g) _____

h) _____

47 Cäsar unter Seeräubern

1. Felix jongliert
   Verwandle ins Passiv bzw. ins Aktiv und übersetze die neu gebildete Form:

a) _____ f) _____

b) _____ g) _____

c) _____ h) _____

d) _____ i) _____

e) _____ j) _____

k) _____

Adverbialsätze (konsekutiv, final) – Ablativ der Beschaffenheit

2. Verwandle Satz für Satz ins Passiv und übersetze dann:

a) Iudex furem capitis damnavit.

b) Cincinnatus post bellum milites dimisit.

c) Hannibal ingentem exercitum in Italiam traduxit.

d) Populus Calvisium senatorem laesit.

3. Immer der Erste sein ...
Übersetze:

Caesar, qui exercitum Alpes traduxit, ut in Hispania cum Pompeio contenderet, in parvum vicum venit. Ibi pauci incolae ei occurrerunt, qui omnibus divitiis carentes vitam duram agebant. Tanta inopia opprimebantur, ut Caesari cenam, quae domino orbis terrarum digna erat, praebere non possent.
Misero conspectu eorum commoti comites Caesaris ridentes dixerunt: „Certe hoc loco, qui ne vicus quidem appellari potest, nemo umquam contendit, ut ad rem publicam accederet et cursum honorum transcurreret. Hic potentes nemini odio sunt, nam hic ne sunt quidem potentes! Hahahae!"
Caesar autem iis vultu severo respondit: „Ego ipse mallem hoc loco primus vir esse quam Romae secundus!"

Die Iden des März

1. Cäsar und der Krieg in Gallien: die Vorgeschichte. Übersetze:

Caesari, ut scis, Alexander Magnus exemplum virtutis fuit. Is semper studuit, ut eandem gloriam sibi pararet quam ille. Ubi comperit Helvetios[1], qui erant animi fortis, fines suas relinquere et regionem aliam petere, consilium iniit bellum gerere: Nam credidit eos in regione, quae finibus imperii Romani proxima erat, considere velle. Priusquam Helvetii illic consederunt, Caesari necesse erat eos prohibere, ne illuc pervenirent. Sine ulla mora milites in Galliam[2] traduxit et imperium Romanum, ut postea dixit, ab Helvetiis defendit. Cum id fecisset, consilium iniit totam Galliam occupare. Multos annos ibi bellum gessit, donec Romam nuntiavit se fines imperii propagavisse[3].

[1]Helvētiī, ōrum *die Helvetier (Volksstamm in der heutigen Schweiz)* –
[2]Gallia Gallien *(das heutige Frankreich)* – [3]prōpāgāre *erweitern, vergrößern*

2. Zwei tapfere Legionäre im „Leistungswettkampf". Übersetze:

Cäsar war als Schriftsteller genauso berühmt wie als Feldherr. In seiner Schrift „**De bello Gallico**" berichtet er über seine militärischen Operationen in dem Gebiet, das heute Frankreich heißt. Sie dauerten von 59 bis 51 v. Chr. an, bis Gallien dem römischen Reich eingegliedert wurde.
In dem folgenden Ausschnitt erfährst du von Pullo und Vorenus, zwei römischen Legionären, die im ständigen Wettstreit darum standen, welcher von ihnen beiden der bessere und tapferere Soldat sei und daher bei den Kameraden in höchstem Ansehen stehe, und die darüber beinahe zu Feinden wurden. Der Text setzt an der Stelle ein, als wieder einmal ein Kampf zu bestehen ist.

Cum ad munitiones pugnaretur, Pullo: „Quid dubitas", inquit, „Vorene? Hic dies de nostris controversiis[1] iudicabit." Haec cum dixisset, procedit extra munitiones et, ubi hostium pars confertissima[2] fuit, eo iit. Vorenus quoque in castris non mansit; ceterorum opprobria[3] timens exiit. Interea Pullo prope pilum[4] in hostes iactavit atque unum e multitudine eorum laesit. Hunc hostes scutis[5] texerunt, in illum omnes tela coniecerunt et ita illum impediverunt, ne procederet.
Vorenus Pullonem iuvit, quamquam inimicus eius erat, et viro laboranti auxilio venit. Subito omnis multitudo a Pullone ad hunc se convertit[6]. Vorenus gladio rem gessit atque, cum unum hostem interfecisset, ceteros pepulit.
Vorenus ipse, dum cupidius[7] instat, forte cecidit. Tum ei Pullo auxilio venit atque ambo salvi summa cum laude intra munitiones se receperunt[8].
Sic fortuna in pugna eos impulit, ut alter alterum iuvaret servaretque.

[1]contrōversia *Streit* – [2]cōnfertissimus, a, um *dichtgedrängt* – [3]opprobrium *Vorwurf* – [4]pīlum *Speer* –
[5]scūtum *der Schild* – [6]convertere *hier: (um)wenden* – [7]cupidius *allzu heftig* – [8]sē recipere *sich zurückziehen*

Adverbialsätze (temporal, konditional) – Genitivus subiectivus und obiectivus

3. Komposita. Ergänze jeweils die Stammformen der beiden ersten Verben und gib zu allen Verben die deutsche Bedeutung an:

a) **ire** _____

abire _____

adire _____   praeterire _____

exire _____   redire _____

inire _____   subire _____

perire _____   transire _____

b) **stare** _____

instare _____   praestare _____

c) **agere** _____

cogere _____

d) **noscere** _____

cognoscere _____

ignoscere _____

e) **prehendere** (ergreifen, nehmen)

comprehendere _____

reprehendere _____

f) **petere** _____

appetere _____

repetere _____

Zwei Gesichter eines Herrschers

1. Komposita. Ergänze jeweils die Stammformen der beiden ersten Verben und gib zu allen Verben die deutsche Bedeutung an:

a) vocare

convocare

revocare

b) vertere

animadvertere

animadvertere in

convertere

c) ponere

componere

deponere

d) aspicere

conspicere

perspicere

respicere

e) pugnare

oppugnare

f) sinere

desinere

Indefinitpronomen **quisque** – Ablativ der Trennung

2. Übersetze:

a) Homines amicis egentes infelices appellamus.

b) Si quis plus habuit quam ei necesse fuit, ut vitam beatam ageret, ab antiquis „Croesus" dictus est.

c) Homo misericordia carens crudelis ducitur.

3. Übersetze:

a) Si me iuveris, gaudebo. Si me non iuveris, infelix ero.

b) Nisi nonnullos amicos tecum duxeris, ludere non poterimus.

c) Interdum haec mente agito: Homini, si in rebus secundis (rēs secundae f Pl. Glück) est, multi amici sunt. Sin (autem) in rebus adversis est, amici saepe absunt.

d) „Ego te numquam desererem, si tu in rebus adversis esses!"

4. Wie beim sog. „einarmigen Banditen", einem Spielautomaten, geht es hier darum, in drei nebeneinanderliegenden Feldern drei entsprechende Verbformen zu bilden. Gelingt dir das, hast du jeweils einen Gewinn erzielt, der drei Punkte bringt. Hast du 15 oder mehr Punkte erreicht, bist du ein wirklich guter Spieler!

A	**deposuit**	providere:	sinere:
B	regere:	**dederant**	navigare:
C	**vidisses**	noscere:	alere:
D	parcere:	considere:	**compleverunt**
E	**invenistis**	nolle:	pendere:
F	**occupavissemus**	coniungere:	comprehendere:

W10

1. Komposita. Ergänze jeweils die Stammformen der beiden ersten Verben und gib zu allen Verben die deutsche Bedeutung an:

a) **esse** _____

   abesse _____

   adesse _____

   deesse _____

   praeesse _____

   interest _____

b) **fugere** _____

   effugere _____

c) **tendere** _____

   contendere _____

   ostendere _____

d) **ducere** _____

   abducere _____

   adducere _____

   conducere _____

   educere _____

   traducere _____

2. Puzzle
Kopiere diese Seite und schneide die Teile auseinander. Lege dann die Puzzleteile so aneinander, dass jeweils ein Substantiv und ein Adjektiv an der Trennlinie in der passenden Art und Weise zusammenkommen. Wenn du das Puzzle richtig gelegt hast, ergibt das ein Rechteck etwa in der Größe einer Heftseite. Am Rand entlang laufen dann ebenfalls Wortverbindungen, und zwar in Großbuchstaben.

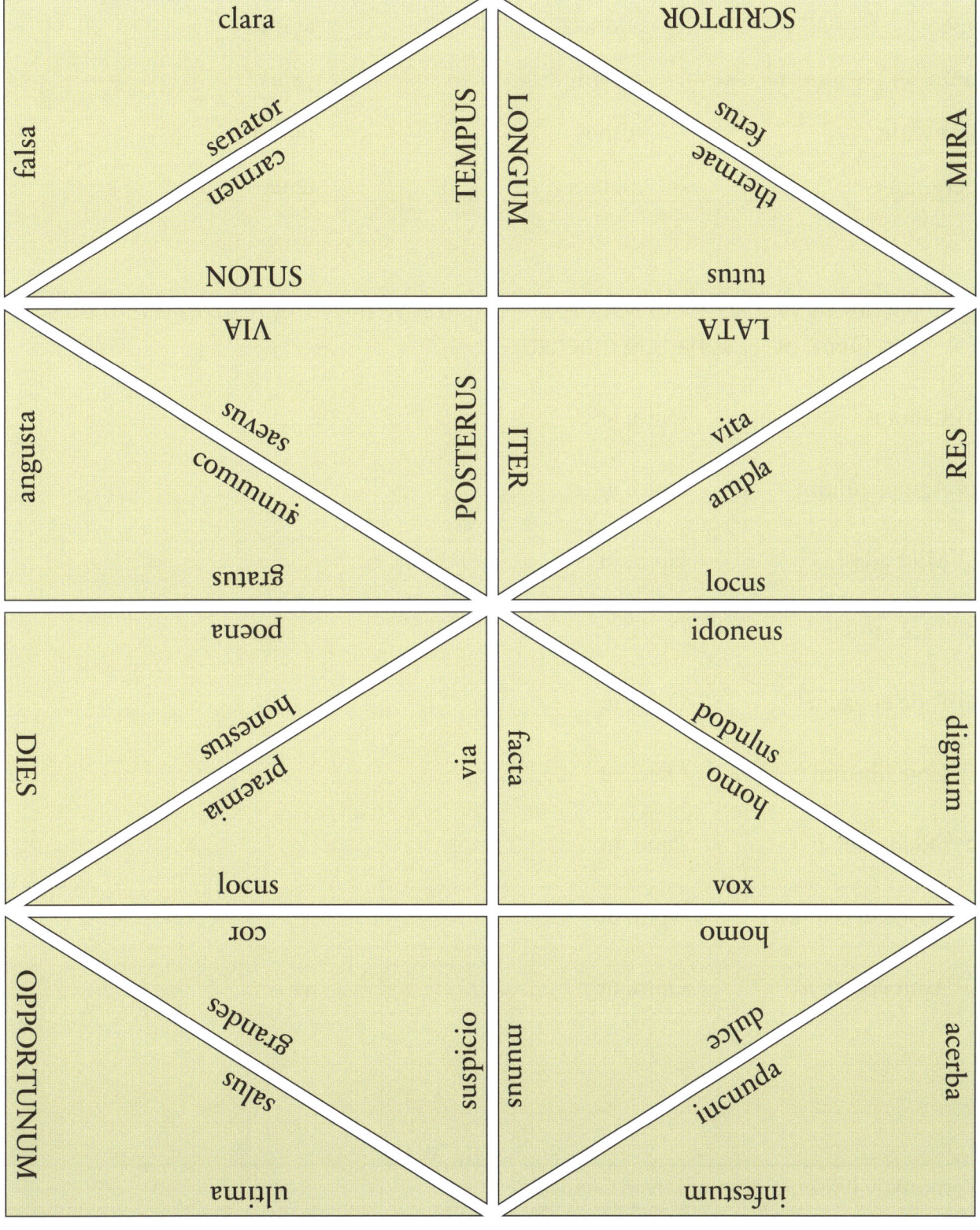

1. Bilde die entsprechende Form des Konjunktivs zu:

audit		monetis		vocant	
capis		possumus		volunt	
sum		agimus		terret	
potest		sunt		non vis	
abeo		adducis		abimus	
nolo		mavult		venis	
transeunt		sumus		potestis	
pergimus		malunt		teneo	

2. Nichts als Wünsche. Verwandle alle Imperative in Wunschsätze, indem du sie von **Opto, ut …** abhängig machst:

a) Labora!   Opto, ut _____.

b) Agita paulum!   Opto, ut _____.

c) Mihi ades!   Opto, ut _____.

d) Tace tandem!   Opto, ut _____.

e) Ride et gaude!   Opto, ut _____.

f) Lege librum!   Opto, ut _____.

g) Divide dona!   Opto, ut _____.

h) Desistite clamare!   Opto, ut _____.

i) Audi voces!   Opto, ut _____.

Konjunktiv Präsens – Konjunktiv in Gliedsätzen

3. Ohne Fleiß kein Preis
Ersetze die kausalen Subjunktionen **quia** und **quod** durch **cum**.
Beachte die Veränderung, die sich dadurch beim Verbum des Gliedsatzes ergibt. Übersetze dann:

| Nonnulli liberi multa perficiunt, … | Einige Kinder erreichen vieles, … |

a) … quia domi diu laborant. → … cum _____

b) … quia officia praestant. → … cum _____

c) … quod libros varios legunt. → … cum _____

d) … quia libenter discunt. → … cum _____

e) … quod verba memoria tenent. → … cum _____

4. Übersetze die folgende Geschichte, die du aus **L 46** bereits kennst.
Beachte jedoch die veränderten Zeiten.

Damocles optat, ut eandem vitam agat quam Dionysius. Itaque Dionysius servis suis mandat, ut Damoclem in domum amplam arcessant.
Tum imperat, ut lectus aureus collocetur et in mensis auro argentoque ornatis cibi optimi ponantur.
Damocles in lecto aureo iacens se beatum putat. Id tantum optat, ne umquam finis huius vitae sit. Subito autem gladium acrem supra caput pendentem videt.
Nunc timet, ne gladius in caput cadat. Denique tyrannum rogat, ut domum redire sibi liceat. Et profecto Dionysius ei permittit, ut abeat.

51 Tiberius blickt zurück

1. Kaiser Tiberius erteilt Befehle!
Ersetze **iubet** durch **imperat** und ersetze den Infinitiv durch einen Gliedsatz mit **ut**. Welche Veränderung ergibt sich außerdem?

a) Tiberius cives iubet *officia praestare*.

Tiberius _____ imperat, _____

b) Tiberius cives iubet *virtutes colere*.

Tiberius _____ imperat, _____

c) Tiberius cives iubet *rem publicam servare*.

Tiberius _____ imperat, _____

d) Tiberius cives iubet *spem in pace ponere*.

Tiberius _____ imperat, _____

2. Ich weiß überhaupt nichts!
Bilde nach dem folgenden Beispiel direkte und indirekte Fragesätze:

> **legere** Quid legis? → Nescio, quid legas.
> Quid legisti? → Nescio, quid legeris.

a) facere *(2. Pers. Pl.)* → Quid _____

b) agere *(2. Pers. Sg.)* → Quid _____

c) dicere *(3. Pers. Pl.)* → Quid _____

Konjunktiv Perfekt – Konjunktiv in Gliedsätzen und indirekten Fragesätzen

d) cogitare *(2. Pers. Sg.)* → Quid _____

e) currere *(2. Pers. Pl.)* → Quo _____

f) ire *(2. Pers. Pl.)* → Quo _____

g) flere *(3. Pers. Sg.)* → Cur _____

3. Welch ein Bauwerk!

Eine Familie aus einer benachbarten Kleinstadt besuchte Rom; der Vater zeigte seiner Tochter Tullia den Friedensaltar des Augustus, die **Ara Pacis**:

Familia mercatoris probi – id est: parentes cum duobus liberis – nuper in urbem Romam venit.

TULLIA FILIA: „Quid tegunt hi muri et haec saxa? Num muri sunt aedificii?"
GNAEUS PATER: „O di! Hoc non aedificium simplex est, sed Ara Pacis ab Augusto aedificata."
IULIA: „Quid? Num Augustus ipse eam Aram Pacis aedificavit? Dic mihi, quando Augustus eam aram aedificaverit!"
PATER RIDENS: „Quid cogitas? Augustus quidem ministris et fabris Romanis – nomina eorum ignoro – imperavit, ut hoc loco Aram Pacis aedificarent eamque imaginibus pulchris ornarent. Omnes cives sciunt ingenium fabrorum summa laude dignum esse. Itaque omnes cives optant, ut iis fabris semper maximae gratiae agantur. Ne Iovis quidem ara in Capitolio tam praeclara est."
TULLIA FILIA: „Ego quidem neque cognosco neque comprehendo, quid ostendant hae imagines."
GNAEUS: „Haec femina media in imagine sedens Tellus dea est; ad pectus eius duos infantes[1] vides. Qui aetatem pacis indicant. Pacem enim aeternam[2] per Augustum Caesarem restituimus."

[1] īnfāns, īnfantis *Säugling* – [2] aeternus, a, um *ewig*

52 Verspottung statt Vergottung

1. Konjugiere im Singular und Plural:

	Singular	Singular	Singular
Nom.	iste homo	ista urbs	istud oppidum
Gen.			
Dat.			
Akk.			
Abl.	cum	in	in

	Plural	Plural	Plural
Nom.			
Gen.			
Dat.			
Akk.			
Abl.	cum	in	in

2. Ersetze die Formen von **is**, **ille** und **hic** durch die entsprechenden von **iste** und übersetze:

a) hoc ingenium → istud ingenium → dieses Talent

b) illa ratione → _____ → _____

c) illis tabulis → _____ → _____

d) eius imaginis → _____ → _____

e) horum victorum → _____ → _____

f) ei dignitati → _____ → _____

Demonstrativpronomen **iste** - Interrogativpronomen – Wort-/Satz-/Wahlfragen

g) hac fiducia → _____ → _____

h) eam potestatem → _____ → _____

i) hae leges → _____ → _____

j) hanc iustitiam → _____ → _____

k) ea libertate → _____ → _____

l) eorum maiorum → _____ → _____

3. Was wissen wir über Claudius?
Übersetze und beachte die unterschiedlichen Arten der Fragestellung:

a) Quis vestrum scit, a quo res Etruscae[1] viginti libris scriptae sint?
Qui scriptores res Etruscas viginti libris scripserunt?
Nonne ab imperatore Claudio res Etruscae viginti libris scriptae sunt?

b) Magister vos interrogat, quis bellum contra Britannos gesserit.
Qui imperator bellum contra Britannos decrevit?
Imperatorne Claudius bellum contra Britannos decrevit?

c) Scisne, cuius filius a nomine insulae Britanniae Britannicus appellatus sit?
Utrum Tiberius an Claudius filium suum Britannicum appellavit?
Nonne Claudius a nomine insulae Britanniae filium suum Britannicum appellavit?

[1] rēs Etruscae *die Geschichte der Etrusker*

*Zwei Münzen aus der Zeit des Kaisers Claudius:
Auf der einen wird die Eintracht zwischen Kaiser und Militär durch einen symbolischen Handschlag zwischen Claudius und einem Feldzeichenträger beschworen.
Auf der anderen Münze ist der Triumphbogen zu sehen, der 44 n. Chr. zur Erinnerung an den Sieg des Claudius über die Britannier (De Britann[is]) in Rom errichtet wurde.*

53 Nero und der Brand Roms

1. Bilde die Adverbien:

a) acer		h) ingens	
b) brevis		i) fortis	
c) pulcher		j) miser	
d) probus		k) gravis	
e) celer		l) similis	
f) vehemens		m) simplex	
g) felix		n) iustus	

2. Setze das in Klammern stehende Adjektiv als Adverb ein und übersetze:

a) Gaius dignitatem nautarum *(vehemens)* _____ laesit.

_____

b) Nimis *(superbus)* _____ ii facta Caesaris laudaverunt.

_____

c) Magister navis nautas Graecos *(fortis)* _____ defendit.

_____

d) Illi viri superbi in cruce *(miser)* _____ perierunt.

_____

e) Cur nobis eorum mortem tristem tam *(durus)* _____ ante oculos ponis?

_____

Adverb – Prohibitiv

3. Nichts als Verbote!
Führe die Reihe nach dem angegebenen Beispiel fort und übersetze den Prohibitiv:

Emite omnia! → Nolite omnia emere! → Ne omnia emeritis! → Kauft nicht alles!

a) Depone spem! →

b) Relinque urbem! →

c) Rapite praedam! →

d) Auge potestatem tuam! →

e) Audite ea verba! →

4. Nero – ein Musikfan. Übersetze:

Nero iam puer musicam[1] libenter coluit. Postquam imperium accepit, Terpnum citharoedum[2], quem non solum virgines et iuvenes, sed etiam omnes cives amabant atque diligebant, arcessivit multisque diebus post cenam eius carmina diligenter audivit.
Paulo post Nero ipse musicam exercere vehementer coepit et studuit, ut vocem suam augeret. Nero bene atque feliciter egit; denique artem suam in publico ostendere cupivit. Inter familiares semper acriter contendit nullam artem pluris aestimari debere quam musicam.

[1] mūsica *Musik, Gesang* – [2] citharoedus *Kitharöde; Sänger, der sich selbst auf der Kithara, einem Saiteninstrument, begleitet*

1. Genitivus subiectivus, obiectivus oder beides? Entscheide durch die Übersetzung:

	Genitivus subiectivus	Genitivus obiectivus
a) odium amicae		
b) latus navis		
c) amor parentum		
d) periculum belli		
e) timor hostium		
f) diligentia senis		
g) virtus militis		
h) metus mortis		

2. Bleibt hier! Geht nicht zu weit weg! Übersetze:

a) Liberi parentes orant, ut in taberna vires recreare liceat.

b) Optant, ut tabernam adire liceat.

c) A parentibus petunt, ne omnia aedificia Paesti spectare debeant.

d) Sed mater liberos monet, ut ad portum redeant.

e) Nam timet, ne navis portum brevi tempore relinquat.

3. Unterstreiche zunächst alle Adverbien und übersetze dann alle Sätze:

a) Fabri probi *dure* laborabant.

b) Puellae laetae *libenter* in silva ludunt.

c) Nonnulli viri *publice* tabulas novas et aedificia pulchra laudaverunt.

d) Quis omnia officia *bene* et *recte* praestat?

e) Magistratus hanc magnam rem publicam *iuste* regebant.

f) Constat multos servos *non* *feliciter* vixisse.

g) Isti servi miseri *occulte* effugere voluerunt.

h) Dominus severus *acriter* in istos servos animadvertit.

1. Verwandle das Partizip Präsens in ein Partizip Futur:

a) circumveniens		f) audiens	
b) monens		g) incipiens	
c) gerens		h) docens	
d) ponens		i) remittens	
e) vocans		j) tegens	

2. Weise die folgenden Partizipien der richtigen Spalte und dort der inhaltlich und sprachlich passenden Wendung zu. Übersetze dann die entstehenden Partizipialkonstruktionen:

☐ sublaturus   ☐ exercentes   ☐ data

☐ commoti   ☐ perficiens   ☐ decepturi

☐ voluta   ☐ persuasurus   ☐ corripiens

PPA	PFA	PPP
a) Caesar praeclara munera	a) comites Ulixis Polyphemum	a) multa beneficia populo Romano
b) Polyphemus comites Ulixis	b) orator iuvenibus	b) adulescentes verbis philosophi
c) iuvenes corpora	c) faber onus grave	c) saxa ante exitum

Partizip Futur Aktiv (PFA) – Infinitiv Futur Aktiv

Übersetzung:

PPA

a) _____

b) _____

c) _____

PFA

a) _____

b) _____

c) _____

PPP

a) _____

b) _____

c) _____

3. Ein Philosoph baut sich ein Haus. Übersetze:

Quondam philosophus praeclarus fundamenta[1] domus parvae posuerat. Paulo post tres amici eum adierunt domum perspecturi: Primo quidem conspectu amici vehementer commoti sunt, quia fundamenta tam parva erant.
Unus ex amicis philosophum interrogavit: „Num tantus vir tam parvam domum aedificari iubet?"
Philosophus ridens respondit: „Ne de ea re sensu oculorum iudicaveris! Magnam domum, ut scis, numquam veris amicis complere potero. Itaque ego domum veris amicis completurus parvam aedificabo."

[1]fundāmentum: *vgl. Fw.*

Erziehung durch Provokation

1. Welche Sinnrichtungen geben die folgenden Adverbialsatzarten an?

a) Verbinde durch Linien:

Finalsatz	Zeit
Konsekutivsatz	Folge
Kausalsatz	Absicht
Konzessivsatz	Grund
Temporalsatz	Bedingung
Konditionalsatz	Einräumung

b) Nenne zu jeder Adverbialsatzart eine lateinische Subjunktion:

Finalsatz	Konsekutivsatz	Kausalsatz

Konzessivsatz	Temporalsatz	Konditionalsatz

2. Übersetze die Verbformen.
In der mittleren Spalte stehen bereits die Futurkennzeichen. Welche Formen kannst du anschließend durch ein Partizip Futur mit esse ersetzen?

	Futur			Partizip Futur mit esse
a) sie werden handeln	ag	e	nt	
b) ich werde gehen		b		
c) wir werden hören		e		
d) ihr werdet erbauen		bi		
e) sie werden finden		e		

Partizipialkonstruktionen (Vertiefung) – Partizip Futur Aktiv als Prädikatsnomen

3. Übersetze die Partizipien in der angegebenen Sinnrichtung:

a) Serva in ius **vocata** a praetore multis de rebus interrogata est. *(temporal)*

b) Imperator novum amphitheatrum **aedificans** a civibus laudatur. *(konditional)*

c) Hospites ad cenam **vocati** non venerunt. *(konzessiv)*

d) Ille consul orationem **habens** libertatem rei publicae verbis sapientibus defendet. *(konditional)*

e) Nonnulli magistratus ius **dicturi** in provinciam mittuntur. *(final)*

4. Immer gegen den Strom!

Homines nuper e theatro properabant, Diogenes autem intraturus erat. Illi ira incensi ex eo quaesiverunt: „Cur id facis? Cur semper viis adversis ire cupis?"
Sed Diogenes hoc crimine non commotus respondit: „Spero me, dum vivo, semper sic victurum esse."

Kein Zutritt für Frauen

1. Von welchen Verben werden die folgenden Partizipialformen gebildet? Nenne den Infinitiv und die 1. Pers. Sg. Ind. Präs. Akt.:

	Infinitiv	1. Pers. Sg. Ind. Präs. Akt.
a) vincens		
b) comprehensum		
c) consulti		
d) confecto		
e) invasuri		
f) corrupta		
g) adiecturae		

2. Suche in **L 56** alle Ablativi absoluti und ordne sie in die folgende Tabelle ein. Bestimme in der rechten Spalte die Sinnrichtung, mit der du den Abl. abs. jeweils übersetzt hast:

Abl. abs. mit PPA	Abl. abs. mit PPP	Sinnrichtung

Ablativus absolutus (1)

3. Übersetze:

a) **Alexandro** de vita **decedente** multi milites aderant.

b) **Amicis accedentibus** rex milites dimisit.

c) **Dimissis militibus** Alexander amicos propius (näher) adire iussit.

Nun zog Alexander seinen Ring (lat. anulus) vom Finger und übergab ihn seinem Freund Perdicca.

d) **Anulo** Perdiccae **tradito** Alexander imperavit, ut in Aegypto sepeliretur (sepelīre *bestatten*).

e) **His verbis dictis** amici Alexandrum interrogaverunt, cui regnum relinqueret.

f) **Quaerentibus amicis** (!) rex respondit: „Ei, qui optimus est."

g) **Quibus verbis auditis** de vita decessit.

... und das Orakel hat doch Recht

1. Du wirst die Partizipialkonstruktionen noch besser verstehen, wenn du sie selbst bildest – nach folgendem Beispiel:

mercatores – ornamenta – vendere

PPA mercatores ornamenta vendentes   PFA mercatores ornamenta vendituri

PPP ornamenta a mercatoribus vendita   Abl. abs. ornamentis a mercatoribus venditis

a) **pater – filii – excitare**

PPA _____   PFA _____

PPP _____   Abl. abs. _____

b) **sacerdos – deus – colere**

PPA _____   PFA _____

PPP _____   Abl. abs. _____

c) **philosophi – timor – expellere**

PPA _____   PFA _____

PPP _____   Abl. abs. _____

d) **consules – res publica – gerere**

PPA _____   PFA _____

PPP _____   Abl. abs. _____

Ablativus absolutus (2)

2. Fehlerdiagnose. Wähle die richtige Übersetzung aus und unterstreiche in den beiden anderen Übersetzungen den oder die Fehler:

> Oedipus ab oraculo coactus in patriam rediit et matrem repperit.

a) Ödipus wurde vom Orakel gezwungen, in die Heimat zurückzukehren und seine Mutter zu suchen.

b) Weil Ödipus vom Orakel gezwungen wurde, kehrte er in die Heimat zurück und fand seine Mutter.

c) Ödipus kehrte in die Heimat zurück und fand seine Mutter, obwohl er vom Orakel gewarnt worden war.

> Montibus altis hieme superatis imperator exercitum in Galliam duxit.

d) Der Feldherr führte im Winter das Heer über die hohen Berge nach Gallien.

e) Nachdem die hohen Berge im Winter bezwungen worden waren, führte der Feldherr sein Heer nach Gallien.

f) Nachdem der Feldherr im Winter mit seinem Heer das hohe Gebirge bezwungen hatte, führte er es nach Gallien.

3. Ödipus wird gerettet
Übersetze die folgenden Sätze in mehreren Etappen: Lies zunächst jeden Satz genau und kläre den Wortschatz. Bestimme dann Haupt- und Gliedsätze und durchdenke vor allem die unterstrichenen Partizipialkonstruktionen:

a) <u>Puer</u> pedibus ire non poterat, sed foris sub arboribus silvae iacebat atque doloribus <u>vexatus</u> magna voce flebat.

b) <u>Qua voce</u> diu <u>audita</u> pastor (pāstor, -ōris *Hirte*) Polybi, regis Corinthi, ad silvam accessit <u>puerumque</u> in umbra arboris altae <u>iacentem</u> invenit.

c) Cum pastor puerum invenisset, eum e vinculis liberavit et ad regem portavit.

d) Rex postquam puerum eiusque vulnera vidit, statim eius parentes ignotos reprehendit: „Quis", inquit, „tantae crudelitatis est, ut puerum miserum adeo vexet et feris praedam det?"

e) Deinde <u>Polybus</u> misericordia <u>commotus</u> puerum ignotum cum Meropa uxore tamquam filium aluit; nam regi reginaeque ipsi liberi a deis dati non erant. Puer „Oedipus" nominatus est.

f) Pastorem autem Polybus oravit, ne de hac re diceret.

Die Entscheidung der Antigone

1. Übersetze treffend mit einem Präpositionalausdruck:

a) sole occidente	
b) hieme ineunte	
c) Alexandro vivo	
d) me invito	
e) te iuvante	
f) vobis comitibus	
g) matre absente	
h) nullo resistente	

2. Übersetze:

a) Homines per regiones ignotas errantes ducis iussu coloniam condiderunt.

b) Prima luce omnes viri conveniunt.

c) Sacerdote auctore a deis auxilium petunt.

d) Deis audientibus promittunt se mores maiorum servaturos esse.

e) Magistratibus invitis nemo patriam relinquere potest.

f) Naves ascendunt et paucis periculis superatis terram novam attingunt.

Ablativus absolutus (3)

3. Bilde selbst Wendungen im Ablativus absolutus. Ordne dabei den Substantiven die passenden Verben zu und achte darauf, wo Vorzeitigkeit oder Gleichzeitigkeit angebracht ist.

Beispiel: iudex + damnare → iudice damnante

Substantive: puer – orationes – certamina – liberi – fabri

Verben: legere – committere – currere – laborare – habere

a) _____

b) _____

c) _____

d) _____

e) _____

Füge nun die folgenden zusätzlichen Angaben so ein, dass du eine geschlossene Wortstellung erhältst, und übersetze dann:

Beispiel: iudice damnante + furem → iudice furem damnante
„weil der Richter den Dieb verurteilt"

in templo – in curia – fabulas – aestate – ad forum

a*) _____

b*) _____

c*) _____

d*) _____

e*) _____

W12

1. Verwandle das Partizip Präsens in ein Partizip Futur:

a) pellens		f) frangens	
b) sumens		g) corripiens	
c) faciens		h) sperans	
d) vincens		i) deligens	
e) volvens		j) colligens	

2. „Das ist doch klar!"
Mache die folgenden Sätze von **constat** abhängig und übersetze sie:

a) Homines semper caelum solemque spectabunt.

Constat _____

b) Homines naturam solis vix cognoverunt.

Constat _____

c) Homines legibus naturae raro paruerunt.

Constat _____

d) Opes et copiae, quas terra condit, hominibus mox deerunt.

Constat _____

3. Welchen Sinn gibt „Tarquinius" den Partizipien? Trage jeweils die Sinnrichtung ein und übersetze dann:

a) Tarquinius crudeliter regens cives terruit.

(_____) _____

b) Romani Tarquinium crudeliter regentem expulerunt.

(_____) _____

c) Tarquinius regno expulsus Romam reliquit.

(_____) _____

d) Romani libertatem repetituri duo consules creaverunt.

(_____) _____

e) Cogitabant: Illi omnibus civibus consulentes libertatem servabunt.

(_____) _____

f) Romani rei publicae diligenter consulentes libertatem postea tamen amiserunt.

(_____) _____

Ein Barbar auf dem Kaiserthron

1. Bestimme den Modus der folgenden Formen genau.
Manche Formen sind eindeutig Konjunktiv, manche können Indikativ oder Konjunktiv sein, eine einzige kann nur Indikativ sein. Welche?
Unterstreiche die eindeutigen Konjunktivformen einfach und bestimme das Tempus. Unterstreiche die zweideutigen Formen doppelt und bestimme Modus und Tempus.

a) videam		g) pellam	
b) ostendam		h) perspiciamus	
c) maneam		i) cupiverit	
d) monet		j) capiam	
e) nunties		k) agant	
f) viderem		l) docuerint	

2. Verbinde sinnvoll durch Linien:

A Aufforderung in der Kirche   a) Utinam multas linguas disceres!

B Rechtsregel   b) Oremus!

C Schülerwunsch *(erfüllbar)*   c) Audiatur et altera pars!

D Elternwunsch *(unerfüllbar)*   d) Ne sit tam severus magister!

Hortativ – Jussiv – Optativ

3. Unterschätze nicht die entscheidenden Buchstaben!
Übersetze nur die Verbformen und beachte dabei die Ergänzungen in Klammern:

a) (matri) pares
b) (etiam magistro) pareas
c) (mater puellam) pariet
d) (victoriam) peperit
e) (ornamenta) parentur
f) (pecuniae) parcat
g) (causam) egit
h) (auxilio) eget
i) (domum) redeat
j) (donum) reddat
k) (domum) redit
l) (civitatem) regit
m) (pericula) subiit
n) (nihil) sumit
o) (manibus tabulam) tangat
p) (manibus tabulam) tenet
q) (murus eum) tegit
r) (manus) tendet

4. Wo ist das Fahrrad (birota, -ae) des Lehrers?

Claudius Felixque iram magistri excitare numquam dubitant.
CLAUDIUS: „Birotam magistri condamus! Eat magister pedibus!"
FELIX: „Sed ubi birotam deponemus? Eam post arbores deponamus!"
CLAUDIUS RIDENS: „In schola *(vgl. Fw)* ipsa birotam non quaeret. Sed ne quid dixeris!"

Das Zeichen des Siegers

1. Suche aus **L 60** je ein Beispiel für:

a) Infinitiv Präsens Passiv	
b) Partizip Futur mit esse	
c) PPA	
d) PPP	
e) Abl. abs.	
f) Ablativ der Zeit	
g) Lokativ	
h) relativer Satzanschluss	

2. Ein Dichterwettstreit in Alexandria.

a) Übersetze:

Ptolemaeus rex decreverat in urbe Alexandria bibliothecam[1] condere. Hac perfecta rex poetam optimum inventurus certamen commisit. Cum tempus certaminis adesset, iudices litterati[2] deligi debebant, ut carmina probarent.
Sex iudicibus iam delectis neque septimo iudice idoneo invento rex interrogavit eos, qui bibliothecae praeerant: „Quis vestrum cognovit iudicem idoneum?" Tum ei dixerunt Aristophanem, cum summo studio plurimos libros legisset et adhuc legeret, certe idoneum esse. Itaque initio certaminis etiam Aristophanes arcessitus est. Quisque iudex in sede sibi parata consedit.
Carminibus poetarum recitatis rex a iudicibus poposcit, ut victores nominarent.
Itaque singulos iudices rogavit, quid sentirent. Cum iam sex iudices eandem sententiam dixissent, Aristophanes non dubitans: „Primum praemium accipiat", inquit, „certe non is, qui multitudini placuerat maxime[3], sed minime[4]."
Omnibus magno clamore resistentibus surrexit Aristophanes et ceteros iudices docuit unum poetam ex his suum carmen legisse, cum ceteri aliena[5] recitavissent.
Populo tacente et rege dubitante e bibliotheca nonnullos libros arcessi iussit; tum eos libros cum carminibus recitatis comparans poetas coegit confirmare se iudices decepisse.
Illis dimissis rex Aristophanem amplis muneribus ornavit et eum rogavit, ut bibliothecae praeesset.

[1]bibliothēca: *vgl. Fw.* – [2]litterātus *gebildet* – [3]maximē *Adv. am meisten* – [4]minimē *Adv. am wenigsten* – [5]aliēnus *fremd*

Adverbialsätze (kausal, konzessiv, adversativ)

b) Benenne aus diesem Text je einen temporalen, finalen, kausalen, konzessiven und adversativen Adverbialsatz:

temporal: _____

final: _____

kausal: _____

konzessiv: _____

adversativ: _____

c) Bestimme jeweils die Sinnrichtung, mit der du die unterstrichenen Partizipialkonstruktionen übersetzt hast:

Hac perfecta: _____

inventurus: _____

Sex iudicibus iam delectis: _____

neque septimo iudice idoneo invento: _____

Carminibus poetarum recitatis: _____

Aristophanes non dubitans: _____

Omnibus magno clamore resistentibus: _____

Populo tacente: _____

rege dubitante: _____

comparans: _____

Illis dimissis: _____

Hat Rom sich selbst überlebt?

1. Mache die folgenden direkten Fragesätze abhängig von **Non intellego** und anschließend von **Quis scire voluit**. Beachte genau die Regeln der Consecutio temporum:

a) Cur ad forum veniunt?
b) Quando id officium perficit?
c) Praestatne id officium?
d) Utrum iuvenes ad rem publicam accedunt an in otio vitam iucundam agunt?

a*) Cur ad forum venerunt?
b*) Quando id officium perfecit?
c*) Neglexitne id officium?
d*) Utrum iuvenes summo cum studio laboraverunt an negotia neglexerunt?

Non intellego, …

a) ___
a*) ___
b) ___
b*) ___
c) ___
c*) ___
d) ___
d*) ___

Quis scire voluit, …

a) ___
a*) ___
b) ___
b*) ___
c) ___
c*) ___
d) ___
d*) ___

Objektsätze (indirekte Fragesätze) – Consecutio temporum

2. Keine Fragen mehr! Wir wissen alles über dich. Übersetze:

a) Omnes sciunt, quid egeris.

b) Neminem nostrum fugit, qua de causa non veneris.

c) Nemo e te quaesivit, quid faceres.

d) Ego non ignoro, quo cucurreris.

e) Nemo scire vult, num contentus sis.

3. Fehlerdiagnose. Wähle die richtige Übersetzung aus und unterstreiche in den beiden anderen Übersetzungen den oder die Fehler:

> Uxor Chlodovicum maritum rogavit, num paratus esset Deo parere.

a) Die Ehefrau fragte ihren Ehemann Chlodovicus, ob er bereit gewesen wäre, Gott zu folgen.

b) Die Ehefrau fragte ihren Ehemann Chlodovicus, ob er bereit sei, Gott zu folgen.

c) Die Ehefrau fragte ihren Ehemann Chlodovicus, ob er bereit sein wird, Gott zu folgen.

> Imperator cognoscere voluit, utrum apud milites officium an timor poenae plus valeret.

d) Der Feldherr wollte erfahren, ob bei seinen Soldaten das Pflichtgefühl oder die Angst der Strafe stärker sei.

e) Der Feldherr wollte erkennen, ob bei seinen Soldaten das Pflichtgefühl oder die Angst vor einer Bestrafung stärker sei.

f) Der Feldherr wollte feststellen, dass bei seinen Soldaten das Pflichtgefühl oder die Angst vor der Strafe mehr Einfluss gehabt hatte.

Ein Franke wird Kaiser der Römer

1. Bilde die Tempusreihe im Aktiv zu:

a) suscipio et fero   b) alii abducunt, alii afferunt

	a)	b)
Impf.		
Fut. I		
Perf.		
Plusqpf.		
Fut. II		

2. Bilde zu den folgenden Formen die entsprechenden Formen des Perfektstamms:

a) fers		e) feremus	
b) feram		f) ferre	
c) ferebas		g) fertur	
d) ferret		h) ferebantur	

3. Bilde zu den folgenden Formen die entsprechenden Formen im Passiv:

a) fert		e) tulit	
b) ferrent		f) ferant	
c) ferre		g) tulerant	
d) ferebant		h) tulisset	

ferre – Satzwertige Konstruktionen

4. So etwas macht man doch nicht!
Bilde den verneinten Imperativ (Prohibitiv) im Singular und übersetze dann:

a) nuntium amico perferre → Prohibitiv: _____

b) labores in proximum diem differre → Prohibitiv: _____

c) parentibus terrorem inferre → Prohibitiv: _____

d) vim amicis afferre → Prohibitiv: _____

5. Bilde einen Abl. abs. mit PPP und übersetze dann:

Beispiel: donum affertur → dono allato

a) vulnera inferuntur → Abl. abs.: _____

b) nimius clamor tollitur → Abl. abs.: _____

c) nuntius ad imperatorem refertur → Abl. abs.: _____

d) epistula affertur → Abl. abs.: _____

e) tempus differtur → Abl. abs.: _____

63 Karl der Große und die Bildung

1. Bilde zu den folgenden Verben alle Formen des Gerundiums nach folgendem Beispiel:

docere → docendi – ad docendum – docendo

a) audire → audiendi – ad audiendum – audiendo

b) afferre → afferendi – ad afferendum – afferendo

c) mittere → mittendi – ad mittendum – mittendo

d) cupere → cupiendi – ad cupiendum – cupiendo

e) habere → habendi – ad habendum – habendo

2. Felix jongliert mit Partizipialformen im Präsens, die er als Gerundformen wieder auffängt. In welche Formen verwandeln sich die Aufschriften der Bälle?

narrante → narrando
legentem → legendum
dicentis → dicendi
pugnante → pugnando
ferenti → ferendo
cogitantis → cogitandi
agentem → agendum

nd-Formen (Gerundium und attributives Gerundivum)

3. Unterscheide Gerundium und attributives Gerundiv; übersetze dann:

a) Ars bene dicendi multum valet. (_____)

b) Nunc tempus tacendi venit. (_____)

c) Principes consilium amicitiae populorum confirmandae inierunt. (_____)

d) Nonne cupidi estis mores maiorum cognoscendi et conservandi? (_____)

e) Pauci parati sunt ad civitates regendas. (_____)

f) Memoriam exerceamus linguis discendis! (_____)

4. Achtung: In jeder Zeile findest du nur eine **nd**-Form. Unterstreiche diese:

a) comprehendo | iucundo | aliquando | secundo | iuvando | praesidio

b) vehementi | educendi | defendi | contenti | tetendi | incedo

c) tandem | ad portandum | interdum | nondum | ad portum

1. Zur Wiederholung der Partizipialkonstruktionen.
Übersetze das Participium coniunctum mit der angegebenen Sinnrichtung:

a) Augustus exercitum duxit rem publicam liberaturus. *(final)*

b) Hostes bellum rei publicae Romanae inferentes acie vicit. *(kausal)*

c) Imperium sibi traditum primo non accepit. *(temporal)*

d) Victor multis hostibus veniam non petentibus pepercit. *(konzessiv)*

e) Homini impio ne verum quidem dicenti credidit. *(konditional)*

2. Bilde die Tempusreihe im Aktiv zu:

	a) tollit et legit	b) alius refert, alius accipit
Impf.		
Fut. I		
Perf.		
Plusqpf.		
Fut. II		

3. Zur Wiederholung von *ferre*. Ersetze alle Verben durch die entsprechenden Formen von *ferre* mit Komposita und übersetze:

a) Nemo famem et aestum diu sustinebit. (_____)

b) Onera portavi. (_____)

c) Incendium a servis indicatum est. (_____)

d) Quis inopiam libenter sustinet? (_____)

e) Nuntios malos domino nuntiaverunt. (_____)

4. Ein Königssohn flieht vor dem Hungertod

Übersetze die unterlegten Sätze mündlich, alle anderen schriftlich. Benenne die unterstrichenen Verbformen mit Imperativ, Prohibitiv, Hortativ, Jussiv oder Optativ:

Der griechische Historiker Herodot erzählt die Geschichte von Atys, dem König von Lydien, und seinem Sohn Tyrrhenus: Zur Zeit des Königs Atys herrschte in ganz Lydien große Hungersnot. Anfangs ertrugen die Lyder sie geduldig, als sie aber andauerte, suchten sie Abhilfe und jeder überlegte sich etwas anderes. Damals wurden das Würfel- und Knöchelspiel, das Ballspiel und viele anderen Spiele erfunden, durch die sie den Hunger vertrieben, sodass sie einen ganzen Tag spielten, um den Hunger nicht aufkommen zu lassen; am nächsten Tag aßen sie und spielten nicht. So lebten sie achtzehn Jahre lang.

> Atye rege omnes incolae Lydiae fame (famēs, famis *f Hunger*) vehementi vexabantur. Primo famem facile sustinebant. Inopia autem crescente omnis populus iussu regis in duas partes divisus est:

ATYS: „Omnis populus in duas partes <u>dividatur</u>. (_____) <u>Dividamus</u> omnem populum in duas partes!" (_____)

> Populo diviso rex alios cives domi manere, alios patriam relinquere iussit.

ATYS: „Alii cives domi <u>maneant</u>, alii patriam <u>relinquant</u>! (_____/_____)

Vos domi <u>manete</u> et vos patriam <u>relinquite</u>! (_____/_____)

Ne nimis <u>cessaveritis</u>!" (_____)

> Atys rex domi mansit, sed Tyrrhenum, filium suum, in regiones novas mittere decrevit. Multis navibus aedificatis atque rebus ad vitam necessariis paratis Tyrrhenus magna cum classe per mare altum navigavit, ut sedes novas quaereret.

TYRRHENUS: „Naves <u>aedificemus</u> atque res ad vitam necessarias <u>paremus</u>! (_____/

_____) Tum per mare altum <u>navigemus</u>! Sedes novas <u>quaeramus</u>! (_____/

_____) Utinam mox in Italiam <u>perveniamus</u>!" (_____)

> Tandem in Italiam ad fines Umbrorum pervenerunt. Ibi castra collocaverunt ac oppida condiderunt. Denique nomen gentis mutaverunt et Tyrrheni nominati sunt.

Die in der Heimat gebliebenen Lyder wurden bald von den Persern besiegt und unterworfen.

64 Neues aus Germanien?

1. Bilde zu den folgenden Adjektiven die entsprechenden Komparativ- und Superlativformen:

	Komparativ	Superlativ
a) onus facile		
b) munera difficilia		
c) avem celerem		
d) carmen pulchrum		
e) canes acres		
f) in mari aspero		
g) animalis similis		

2. Ergänze die jeweils fehlende Form:

	Positiv	Komparativ	Superlativ
a) regem		divitiorem	
b) itinera			brevissima
c) animali	ignoto		
d) arborem	altam		
e) maris		vastioris	

Steigerung (Adjektive) – Ablativ des Vergleichs

3. „Nichts ist angenehmer als ..."
Setze die Ausdrücke in den Ablativ des Vergleichs und übersetze:

Quid est iucundius ...

a) ... quam pax perpetua? → Abl.: _____

b) ... quam salus constantissima? → Abl.: _____

c) ... quam amicitiae firmissimae? → Abl.: _____

4. Immer gegen die Mädchen!
Bilde mit **pueri, puellae** und den angegebenen Adjektiven Sätze, die deiner Meinung entsprechen:

Beispiel: Nonnullae puellae *feliciores* sunt pueris. Multi pueri tam *felices* sunt quam puellae. Quis nostrum *felicissimus* est?

a) pueri | puellae: celer

b) pueri | puellae: fortis

c) pueri | puellae: pulcher

d) pueri | puellae: superbus

65 Freiheit oder ewige Unterdrückung?

1. Ergänze die jeweils fehlenden Formen:

	Positiv	Komparativ	Superlativ
a) sententia	sapienti	sapientiore	sapientissima
b) cursus (!)	celeres	celeriores	celerrimi
c) hominem	bonum	meliorem	optimum
d) rebus	malis	peioribus	pessimis
e) cibi	acris	acrioris	acerrimi
f) populo (!)	parvo	minore	minimo
g) itinere	facili	faciliore	facillimo

2. Reiten ohne Sattel
Setze die Adjektive an den richtigen Stellen ein und übersetze:

turpius – pulchrioribus – maximos – minores – celerrimos

Germani sua bona __pulchrioribus__ rebus, quas bello ceperant, mutare¹ volebant. Equos quidem mutare nolebant, quamquam sui equi __minores__ erant equis Romanorum. Ad proelia enim non __maximos__ equos, sed __celerrimos__ deligebant. Nihil apud eos __turpius__ ducebatur quam usus ephippiorum².

¹mūtāre *hier: tauschen* – ²ephippium *Sattel*

Steigerung (Adjektive) – Steigerung (Adverbien)

3. Bilde zu den folgenden Adverbien die entsprechenden Komparativ- und Superlativformen:

	Komparativ	Superlativ
a) male		
b) bene		
c) facile		
d) recte		
e) acriter		
f) sapienter		
g) feliciter		
h) iuste		
i) misere		
j) saeve		

4. Setze anstelle des Adjektivs das Adverb ein und übersetze dann:

a) Scriptor peritus verba *(bonus)* _____ deligit, opus suum *(diligentior)* _____ scribit, librum suum *(sapientissimus)* _____ perficit.

b) Mercator sinister ornamenta parvi pretii *(cupidus)* _____ emit, *(cupidior)* _____ colligit, dominis divitibus *(cupidissimus)* _____ vendit.

c) Philosophus divitias *(sapiens)* _____ neglexerat.

d) Is iuvenis *(bonus)* _____ canit, ea domina autem *(melior)* _____ canit, is senex quidem *(optimus)* _____ canit.

1. Bilde zu den folgenden Nominativen den Genitiv, Akkusativ und Ablativ Singular:

	Genitiv Singular	Akkusativ Singular	Ablativ Singular
a) quoddam vulgus			
b) illa facultas			
c) nulla voluntas			
d) quidam morbus			
e) hic adventus			
f) quaedam occasio			

2. Verwandle alle Verbformen in die jeweils entsprechende Form des Perfektstammes und übersetze dann die Sätze:

a) Quidam scriptores litteras antiquas prodebant. (_____)

b) Nautae mare vastum prospiciunt. (_____)

c) Quidam magistratus totum tempus in officiis publicis consumunt. (_____)

d) Tua fide commovemur. (_____)

e) Iuvenes senibus succedunt. (_____)

Perfektbildung (Besonderheiten) – Indefinitpronomen **quidam** – Konjunktiv im Relativsatz

f) Te cognoscerem. (_____)

g) Quidam adulescens me virtute vincit. (_____)

h) Cives coniurationem aperiunt. (_____)

3. Zur Wiederholung der Konjunktive. Erkläre die Verwendung des Konjunktivs in den folgenden Sätzen und übersetze:

a) Ne omiseritis occasionem complures linguas discendi! (_____)

b) Omnes exercendo multa discant! (_____)

c) Quaeramus diligenter loca ad ludendum idonea! (_____)

d) Utinam illa puella verba Latina diligenter disceret! (_____)

e) Ne omiseris studium libros bonos legendi! (_____)

f) Magister liberos arcessivit, qui libros bonos legerent. (_____)

1. Bilde zu den folgenden Adjektiven die entsprechenden Komparativ- und Superlativformen:

	Komparativ	Superlativ
a) viri firmi		
b) labore constanti		
c) libris ignotis		
d) actioni longae		
e) sacerdotis sancti		
f) famem gravem		

2. Ergänze die jeweils fehlenden Formen:

	Positiv	Komparativ	Superlativ
a) venti	acres		
b) casus		similiores	
c) itinera	difficilia		
d) animal			pulcherrimum
e) navibus		celerioribus	

3. Entdecke den jeweiligen „Störenfried" und unterstreiche ihn:

a) protinus – proximus – proinde – procul

b) oppressimus – optamus – optimus – opprimimus

c) parvi – minimi – minoris – pari

d) insumus – summus – sumpsimus – sumimus

e) pulcherrimus – afferremus – acerrimus – celerrimus

f) malimus – malorum – pessimus – peiorum

4. Lesen bildet!

Übersetze:

a) Pauci homines multas horas in legendo consumunt.

b) Legamus diligentissime sententias philosophorum et retineamus optime eas, quas legimus!

c) Maxime sollicitor, quod multi libri diu neglecti iacent.

d) Ne occasionem praeterieritis librum utilem diligenter legendi!

e) Constat nullum librum tam malum esse, ut nemini utilis sit.

f) Libri non iuvant hominem legendi ignarum.

Welcher dieser Sätze enthält ...?

einen Prohibitiv: ☐   ein Partizip: ☐   ein Gerundium: ☐

einen Hortativ: ☐   einen AcI: ☐

5. Kalt ist's in Germanien

Übersetze:

Germani quoniam regiones habitabant, quae ad septentriones[1] spectant, vestibus ad loca frigidissima[2] maxime idoneis tegebantur. Vestis omnibus communis erat amictus[3] quidam, divitioribus melior, miserioribus peior. Itaque miserrimos vestibus pessimis indutos esse mirum non est. Quidam etiam pellibus[4] animalium ferorum induti erant.

[1]septentriōnēs, -um *m Pl. Norden* – [2]frigidus, a, um *kalt* – [3]amictus, -ūs *m Mantel* – [4]pellis, -is *f Fell, Pelz*

1. Bilde die Tempusreihe im Indikativ zu:

	Imperfekt	Futur I	Perfekt	Plusquamperfekt
a) arbitror				
b) vereris				
c) confitetur				
d) imitamur				
e) versamini				
f) hortantur				

2. Formenstaffel

Ind.	miror	hortantur	confiteris	veremini
↓	↓	↓	↓	↓
Konj.				
↓	↓	↓	↓	↓
Impf.				
↓	↓	↓	↓	↓
Ind.				
↓	↓	↓	↓	↓
Plusqpf.				
↓	↓	↓	↓	↓
Konj.				

Deponentien (1)

3. Ersetze die Formen von **colere** durch **vereri** und die von **censere** durch **arbitrari**. Vorsicht! Jeweils eine Form kann man nicht ersetzen.

	vereri		arbitrari
colo		censuerunt	
colant		censet	
colimur		censeant	
colite		censueram	
colerent		censeretur	
coluisti		censeres	
coluerant		censebunt	
colebat		censuit	
colent		censuero	

4. Mache die folgenden Sätze abhängig von Arbitror:

a) Vitia semper confiteris. – Vitia semper confitebaris. – Vitia semper confiteberis.

Arbitror …

b) Libenter Romae versamini. – Libenter Romae versati estis. – Libenter Romae versabimini.

Arbitror …

Alexander – Weltherrscher oder Räuberhauptmann?

1. Bilde die Tempusreihe im Indikativ:

	Imperfekt	Futur I	Perfekt	Plusquamperfekt
sequor				
patitur				
loquimur				
experiuntur				
oblivisceris				
utimur				
proficiscuntur				

2. Formenstaffel

Ind.	aggreditur	experitur	loquor	sequimur
↓	↓	↓	↓	↓
Konj.				
↓	↓	↓	↓	↓
Impf.				
↓	↓	↓	↓	↓
Ind.				
↓	↓	↓	↓	↓
Plusqpf.				
↓	↓	↓	↓	↓
Konj.				

Deponentien (2)

3. Ersetze die Formen von **dicere** durch **loqui** und die von **pergere** durch **proficisci**:

	loqui		**proficisci**
dixerat		perrexit	
dicerent		perge	
dic		pergo	
dicebam		pergeret	
dixi		perget	
dicis		perrexerant	

4. Mache die folgenden Sätze abhängig von **Opto** und übersetze:

a) Ne viros improbos imitatus sis!

→ Opto, _____

b) Confitemini semper vitia vestra!

→ Opto, _____

c) Verere et dilige parentes tuos!

→ Opto, _____

Die Karriere einer Kichererbse

1. Setze die eingeklammerten Substantive in den Genitiv und übersetze:

a) multum (opera) → _____ → _____

b) paulum (sapientia) → _____ → _____

c) Quid (consilium)? → _____ → _____

d) nihil (auctoritas) → _____ → _____

e) aliquid (dignitas) → _____ → _____

f) satis (ingenium) → _____ → _____

g) magna vis (argentum) → _____ → _____

h) copia (aurum) → _____ → _____

i) duo milia (milites) → _____ → _____

j) nihil (pecunia) → _____ → _____

k) aliquid (bonum) → _____ → _____

2. Setze die folgenden Formen von **facere** ins Passiv bzw. die Formen von **fieri** ins Aktiv:

Setze ins Passiv:		Setze ins Aktiv:	
a) facit		a) fierent	
b) faciebant		b) facta erant	
c) facies		c) fis	
d) fecit		d) fiat	
e) facere		e) factum esse	

fieri – Genitivus partitivus – Texterschließung

3. Texterschließung

a) Lies zunächst den Text.
b) Welche Schlüsselwörter bestimmen den 1. Absatz?
c) Welcher Satz des Boten beinhaltet einen Vorwurf an den römischen Feldherrn Varus?
d) Welche Sinnrichtung gibst du den unterstrichenen Partizipialkonstruktionen?
e) Welche Schlüsselwörter im 2. Absatz bilden gleichsam einen Kontrast zu den negativen Schlagwörtern im 1. Absatz?

Varus, gib die Legionen zurück!

Kaiser Augustus hat den inneren Frieden wiederhergestellt. An den Grenzen des Reiches drohen aber Gefahren. Aus Germanien, wohin er seinen Feldherrn Quinctilius Varus entsandt hatte, um den Frieden zwischen Rhein und Elbe zu sichern, erreicht ihn durch einen Boten eine Eilnachricht:

Omnes, qui aderant, nuntium quam diligentissime audiverunt: „Grave flagitium, incredibilem iniuriam, turpem cladem propter temeritatem[1] unius accepimus. Varus imperator – ratus Germanos nihil humani nisi vocem et membra habere – eos gladio quam iustitia vincere malebat. Qui superbia atque audacia Vari irati primum insidias impetusque paraverunt, deinde nostris militibus in itinere accerrime restiterunt et signa armaque rapuerunt. Tribus legionibus in quibusdam silvis atris caesis timor metusque Germanorum restituti sunt."

Dimissis amicis Augustus protinus vigilias per totam urbem collocari iussit, ne cives nimium sollicitarentur. Tum sacerdotes adibat, qui contendebant principem Iovi Optimo Maximo sacra facientem rem publicam servaturum esse. Quibus sacris factis Augustus tamen maximam calamitatem rei publicae verebatur. Summo luctu commotus questus est: „Vare, Vare, redde legiones!"

[1] temeritās, temeritātis f Unbesonnenheit

b)

c)

d)

e)

1. Neros letzte Tage

Übersetze:

Nero postquam se a Galba imperatore et legionibus desertum esse cognovit, primo hoc nuntio graviter permotus est, deinde metu coactus domi se clausit, diu sine voce in lecto suo iacuit, denique clamavit: „De me actum est. *(Es ist um mich geschehen.)*"
Tamen neque consuetudines neque luxuriam omisit. Immo, cum quiddam iucundi e provinciis referebatur, laetus Galbam et milites iocis[1] turpibus deridebat. Saepe Nero irascebatur, familiares aggrediebatur et opprimebat. Praeterea multa et nefaria consilia ira incensus iniit: Modo omnes senatores veneno[2] necare, modo bestias[3] feras in populum agitare, modo urbem incendere constituit.

Nero cum animadvertisset finem imperii sui celerrime venisse, sortem suam querebatur, furore impulsus per domum erravit iterum atque iterum clamans: „Sponte mea de vita decedam. Sed nec amicum habeo nec inimicum, cuius manu peream."
Denique in villa obscura comitibus acriter instantibus, ut tandem se ipse occideret, sibi mortem attulit.

„Welch großer Künstler geht mit mir zugrunde!" Mit diesen Worten setzt Nero sich den Dolch an die Kehle. Bei seinem Selbstmord muss ihm ein ehemaliger Sklave allerdings noch helfen.

[1] iocus *Scherz* – [2] venēnum *Gift* – [3] bēstia *Tier*

2. „Die haben etwas geleistet!" – so glaubt man, berichtet man, weiß man.

Übersetze:

a) Constat Archimedem non solum leges naturae invenisse, sed etiam quaedam instrumenta *(vgl. Fw.)* belli expertum esse.

b) Thales, ut reor, primam defectionem solis (dēfectiō, -ōnis *f* sōlis *Sonnenfinsternis*) indicavit.

c) Multi oratores arbitrantur Gorgiam *(Gorgias)* legibus bene dicendi primum usum esse.

d) Omnes philosophi confitentur Ciceronem Romanis philosophiam Graecam tradidisse.

e) Apud Livium scriptorem legimus decem viros plures menses Athenis versatos primas leges Romanorum conscripsisse.

f) A philosophis Graecis quidem humanitatem et litteras inventas esse scimus.

3. Alles drängt in die Großstadt. Der römische Philosoph Seneca, Erzieher des Kaisers Nero, beschreibt dies so:

Intuemini hanc multitudinem hominum, quos aedificia ampla urbis nostrae vix recipiunt! Maxima pars istius turbae patria caret. Ex oppidis et e regionibus ultimis, e toto denique orbe terrarum convenerunt. Quid consilii eos adduxit?

Cupidi sunt alii negotia sinistra et obscura agendi,
 alii amicos reperiendi,
 alii ludos spectandi,
 alii eloquentiam nostrorum oratorum mirandi,
 alii causas agendi,
 alii immo in re publica versandi.

Omne hominum genus versatur in nostra urbe. Iube istos omnes patriam appellare! Confiteri debebis maiorem partem relictis sedibus suis venisse in maximam ac pulcherrimam quidem urbem, non tamen in suam.

Nimm und lies! – Die Bekehrung des heiligen Augustinus zum christlichen Leben

> **Aurelius Augustinus** wird als Kirchenvater bezeichnet, weil er sehr wichtige christliche Lehrwerke verfasste. Dabei sah es in seiner Jugend keineswegs so aus, als würde er zu einem der einflussreichsten Lehrer der Kirche werden.
>
> Geboren im Jahre 354 in Nordafrika, bereitete er seiner Mutter Monika, einer überzeugten Christin, zunächst große Sorgen und ziemlich viel Verdruss. Er führte ein ausschweifendes Leben und genoss es in vollen Zügen. Weil er damit aber auf Dauer nicht zufrieden war, vielmehr nach einem tieferen Sinn seines Lebens suchte, wandte er sich zunächst einer anderen christlichen Lehre und dann der Philosophie zu.
>
> In Mailand begegnete er schließlich dem Bischof Ambrosius, der ihn 387 taufte; seitdem war Augustinus ein Mann der Kirche. 391 in Nordafrika zum Priester geweiht, gründete er eine klosterähnliche Gemeinschaft. Ein paar Jahre später wurde er selbst zum Bischof gewählt. Weit über die Grenzen seines Bistums hinaus wirkte er in seinen theologischen Schriften. Augustinus starb im Jahre 430.

Wir befinden uns in einem Klassenzimmer um das Jahr 1520:

I.

PAEDAGOGUS: Hodie scriptorem clarum cognoscetis, quo vix quisquam magis religionem Christianam auxit. Is vir etiam „pater ecclesiae[1]" nominatur. Adulescens autem ille moribus corruptis et malis erat, donec Deus ipse eum ad vitam honestam revocaret.

COCLES (*ad amicum*): Oh, oh, iam scio. Magister nos fabulā, ex qua mores discere debemus, instituere vult. Et tu hanc sententiam novisti: Quidquid id est, timeo Danaos[2] et[3] dona ferentes.

PAEDAGOGUS: Tace, stulte! – Scitisne, quo de scriptore locutus sim? Quid sentis, Cocles?

COCLES *tacet*.

PAEDAGOGUS: Quid tu sentis, Hieronyme? Utinam tu quidem nomen eius dicas!

[1] pater ecclēsiae *Kirchenvater* – [2] Danaī, -ōrum *die Danaer ~ die Griechen vor Troja* – [3] et ~ etiam

1. Z. 1f.: Die Übersetzung des Relativsatzes hängt von der richtigen Bestimmung des Ablativs *quo* (Z. 1) ab. Welcher Ablativ liegt vor? Welches Wort im Relativsatz dient als Signal?

Verallgemeinernde Relativpronomina – Obliquer Konjunktiv – Realis
Wiederholung: Hortativ, Jussiv, Irrealis, Optativ, Imperativ, Prohibitiv

2. Welches Satzglied liegt bei *adulescens* (Z. 2) vor?

3. Bestimme die Funktion der Kasus von *moribus corruptis et malis* (Z. 2 f.) und *fabula* (Z. 4).

4. *Quidquid id est* ... (Z. 5 f.): Hier zitiert Cocles einen berühmten Vers aus Vergils Epos „Aeneis". Auf welche *dona* wird hier angespielt? – Tipp: Mit welchem Trick gelang es den Griechen, die Stadt Troja doch noch zu erobern? Was will Cocles mit diesem Zitat andeuten?

5. Bestimme den mit *quo* eingeleiteten Gliedsatz in Z. 7.

6. Bestimme die Funktion des Konjunktivs *dicas* (Z. 9). Welches Signalwort hilft dir bei der Bestimmung?

II.

HIERONYMUS: Doleo, quod respondere non possum. At dicat, quisquis omnia cognovit! Proinde tu ipse, quaeso, nomen eius dicas! Ego si essem tam doctus quam tu, id mihi quoque difficile non esset.
PAEDAGOGUS: Bene dixisti, etsi nullo modo inscientiam[1] tuam probo. Adeamus libros et
5 illud capitulum[2] legamus, quod invenitur in hoc libro, quem Augustinus, ille clarissimus scriptor Christianus, composuit. Cocles, recita[3] verba Augustini!

[1]inscientia *Unwissenheit* – [2]capitulum *Kapitel* – [3]recitāre *vorlesen*

1. Wo findet sich ein Beispiel für Hortativ, Jussiv, Imperativ, Optativ, Irrealis?

2. Steigere das Adverb *bene* (Z. 4).

3. Setze den Irrealis (Z. 2 f.) im Lateinischen in die Vergangenheit.

4. Suche in I und II alle Pronomina und ordne sie nach Gruppen.

III.

Quomodo Augustinus conversus est ad vitam piam et honestam

Ego sub quadam arbore iacui et dimisi habenas¹ lacrimis – et ruerunt flumina oculorum meorum; et non quidem his verbis, sed in hac fere sententia dixi Deo: „Quam diu, domine, quam diu mihi irasceris? Ne memor fueris scelerum meorum antiquorum!" Iactabam voces miseras: „Quam diu in doloribus retinebor? Quare hac hora finis eorum dolorum non est?
5 Noli differre salutem meam!" Dicebam haec et flebam tristissimo spiritu.

¹habēnās dīmittere *m. Dat. freien Lauf lassen*

1. In diesem Abschnitt finden sich Formulierungen, deren wörtliche Übersetzung kein gutes Deutsch ergibt: *ruerunt flumina oculorum meorum; iactabam voces miseras*. Überlege dir, was mit diesen Formulierungen jeweils gemeint ist, und wähle aus dem Folgenden die passende Übersetzung aus:

die Ströme meiner Augen flossen – ich weinte in Strömen – ein Tränenstrom schoss aus meinen Augen – ich warf Worte des Jammers – ich stieß unglückliche Worte aus.

2. Warum steht *iactabam* (Z. 3), nicht *iactavi*, und *dicebam* (Z. 5), nicht *dixi*?

3. Benenne den Ablativ *hac hora* (Z. 4).

4. Suche aus dem Text je ein Beispiel für die zwei Möglichkeiten, im Lateinischen einen verneinten Befehl auszudrücken.

IV.

Repente audivi de domo, quae prope erat, vocem alicuius – nescio, utrum pueri an puellae: „Tolle (et) lege; tolle (et) lege!" Statim mutato vultu cogitare coepi, num liberi in aliquo genere ludendi tale canerent. Sed talia numquam audiveram. Itaque surrexi et cognovi Deum iubere, ut aperirem sacrum codicem¹ et hoc legerem, quod primum invenissem.

¹cōdex, -icis *m Buch*

1. In diesem Abschnitt begegnen dir zwei indirekte Fragesätze. Wo findet sich eine Satzfrage, wo eine Wahlfrage? Welche andere Möglichkeit gibt es, die Satzfrage einzuleiten? Welche zwei anderen Möglichkeiten gibt es, die Wahlfrage zu formulieren?

2. Bestimme die Satzgliedfunktion des *ut*-Satzes (Z. 4).

V.

Celeriter redii in eum locum, ubi codicem deposueram. Sustuli, aperui, legi tacens capitulum¹, quo primum oculi mei tracti sunt:

„Ambulemus honeste, non in comissationibus et ebrietatibus, non in
5 cubilibus et impudicitiis, non in contentione et aemulatione. Sed induite dominum Iesum Christum. Ne provideritis voluptatibus corporis!"

Übersetzung: Lasst uns ehrenhaft leben, ohne Fressen und Saufen, ohne Unzucht und Ausschweifung, ohne Streit und Eifersucht. Legt das neue Gewand an, Jesus Christus, den Herrn. Sorgt nicht für die Vergnügungen des Leibes!

Nec ultra² volui legere, nec opus erat. Statim lux pacis fusa est in cor meum et omnes
10 tenebrae dubitationis³ fugerunt.

¹capitulum: *vgl. FW* – ²ultrā *weiter, länger* – ³dubitātiō, -ōnis *f Zweifel, Ungewissheit*

1. Stelle die Komposita von *ire* zusammen.

2. Gib zu den übrigen Verben in Z. 1 den Infinitiv Präsens an.

3. Benenne die Verwendungsweise des Konjunktivs *provideritis* (Z. 7).

4. Vergleiche den lateinischen Bibeltext mit seiner deutschen Übersetzung. Wo weicht das Deutsche vom Lateinischen ab?

5. Interpretationsfrage: Die Stelle aus dem Römerbrief des Apostels Paulus brachte Augustinus dazu, sein Leben von Grund auf zu ändern. An welchen Stellen des Textes (I bis V) erfährst du von Augustins früherem, unchristlichem Lebenswandel? In welcher seelischen Lage befindet sich Augustin vor seiner Bekehrung?

Westindien – Neue Welt – Amerika

Mundus Novus – Neue Welt: Dies ist die Bezeichnung des 1492 von Kolumbus entdeckten Kontinents Amerika. Es ist aber auch die Überschrift zu einem berühmten Brief, den Amerigo Vespucci im Jahre 1503 schrieb. Dieser Brief wurde bald veröffentlicht und in verschiedene Sprachen übersetzt – auch ins Lateinische, um ihn überall den Gebildeten dieser Zeit, den Humanisten, zugänglich zu machen.

Vespucci berichtet in dem Schreiben über eine Expedition nach Brasilien, die er im Auftrag des Königs von Portugal unternahm. Man hatte Brasilien bis dahin für eine auf dem Seeweg nach Indien gelegene Insel gehalten. Der Entdecker beschreibt außer den Schwierigkeiten der Seereise auch das Land und die Ureinwohner.

Vespuccis Bedeutung besteht vor allem aber auch in seiner Erkenntnis, dass die Neue Welt ein eigenständiger, ein neuer Kontinent ist. Weil Vespucci diesen Sachverhalt als Erster durchschaut hatte, schlug Martin Waldseemüller im Jahre 1507 vor, den noch namenlosen Kontinent nach Amerigo Vespucci zu benennen: „Nun sind aber die Erdteile umfassender erforscht und ein anderer, vierter Erdteil ist durch AMERICUS VESPUTIUS entdeckt worden. Ich wüsste nicht, warum jemand mit Recht etwas dagegen einwenden könnte, diesen Erdteil nach seinem Entdecker Americus, einem Mann von Einfallsreichtum und klugem Verstand, [...] *America* zu nennen" (*Cosmographiae Introductio*, 1507).
Im selben Jahr ließ Waldseemüller die Segmente eines Globus drucken (vgl. Abb.), die – ausgeschnitten und auf eine Kugel geklebt – ein Bild der Welt nach dem damaligen Kenntnisstand ergaben. Auf dieser Karte erscheint, zum ersten Mal überhaupt, der Name „America".

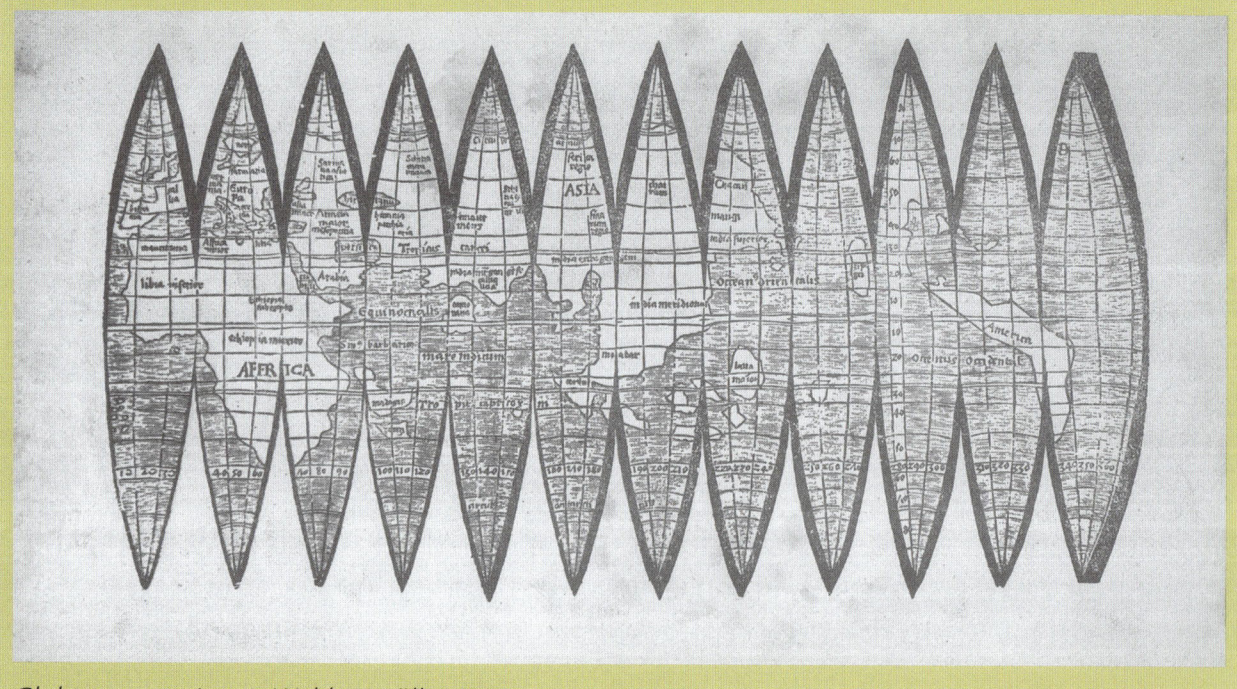

Globensegmente von Waldseemüller, 1507

Konjunktiv im Hauptsatz (Potentialis, Deliberativ)
Wiederholung: Pronomina **hic, ille, iste ipse, idem, is** – Korrelativa

Wir befinden uns wiederum in einem Klassenzimmer in der Zeit um 1520 …

I.

DISCIPULUS: Ecce, magister, mappa[1] mundi[2], quam domo huc attuli! Pater eam nuper emit. Dixit: „Hae sunt partes globi[3], quibus exemplar[4] mundi facere possumus." Sed unum est, quod non intellego: Cur terra, quae ab omnibus „mundus novus" appellatur, in hac mappa „America" nominatur?

5 PAEDAGOGUS: Rem pulcherrimam nobis attulisti – rem, quae magni est! Spectate hoc exemplar mundi, discipuli. Aliter enim non cognoscatis mundum globum esse, non discum[5]. Libenter autem explicabo, quare plurimi illam terram „Americam" dicant. Nuper Martinus Hylacomylus (vulgo[6] Martin Waldseemüller), homo doctus, hortatus est, ut illa terra ab Americo Vesputio nomen traheret, quia Americus Vesputius primus perspexisset
10 illam terram novam continentem[7] esse. Hoc antea nemo intellexerat; omnes putaverunt illam terram a Christophoro Columbo inventam partem Asiae esse.
Vesputius praeterea, cum iterum atque iterum in Americam navigavisset, terram ipsam et animalia et homines eorumque mores descripsit[8]. Cum vos omnes, ut spero, plus cognoscere velitis, illud opus Americi Vesputii, quod in bibliotheca mea est, legamus!

[1]mappa *Karte* – [2]mundus *Welt* – [3]globus *(Erd)Kugel* – [4]exemplar *Abbild, Modell* –
[5]discus *Scheibe, Platte* – [6]vulgō *in der Landessprache* – [7]continēns, -entis *f Festland, Kontinent* –
[8]dēscrībere *beschreiben*

1. Verwandle den Relativsatz in Z. 3 ins Aktiv.

2. Bestimme den Genitiv *magni* (Z. 5).

3. Benenne die Verwendungsweise der Konjunktive *cognoscatis* (Z. 6) und *legamus* (Z. 14).

4. Begründe den Konjunktiv *dicant* (Z. 7).

5. Bestimme die Satzgliedfunktion von *primus* (Z. 9).

6. Bestimme die Satzglieder *novam continentem* (Z. 10) und *partem Asiae* (Z. 11).

7. Markiere im Text die geschlossene Wortstellung in Z. 10 f.

Wir wollen schulfrei!

8. Bilde zu *plus* (Z. 13) den Positiv und den Superlativ.

9. Welche adverbialen Sinnrichtungen haben die mit *cum* eingeleiteten Gliedsätze?

10. In welchen Bedeutungen kommt *ut* vor? Welche Bedeutungen sind in diesem Abschnitt nicht zu finden?

11. Sammle die Adverbien und unterscheide sie nach ihrer Wortbildungsweise.

II.
Americi Vesputii descriptio[1] Mundi Novi: De hominibus moribusque eorum

Tantam in illis regionibus gentium multitudinem invenimus, quantam nemo enumerare[2] possit. Omnes utriusque generis sunt nudi, nullam corporis partem tegentes; et ut parti sunt, sic usque ad mortem vadunt[3]. Corpora habent magna, bene composita ac rubra[4]. Quod eis evenire puto, quia tingantur[5] a sole. Habent comam[6] amplam et vultus pulchros.
5 Quos tamen sibi ipsi corrumpunt. Perforant[7] enim isti genas[8] sibi et labra[9] et nares[10] et aures. Ne credideris foramina[11] illa esse parva aut illos unum tantum habere. Et hic solus mos virorum est. Nam mulieres non perforant sibi vultus, sed aures tantum.

[1]dēscrīptiō, -ōnis *f Beschreibung* – [2]ēnumerāre *zählen, berechnen* – [3]vādere *gehen, schreiten* – [4]ruber, rubra, rubrum *rötlich* – [5]tingere *färben* – [6]coma *Haar* – [7]perforāre *durchbohren* – [8]gena *Wange, Backe* – [9]labrum *Lippe* – [10]nāris, -is *Nase* – [11]forāmen, -inis *n Öffnung, Loch*

Junge Frau vom Stamm der Yanomami aus dem Amazonasgebiet in Brasilien.

1. An zwei Stellen begegnet dir der relative Satzanschluss (Z. 4 und 5). In welchem Kasus steht das Relativpronomen jeweils? Welches Satzglied stellt es jeweils dar?

2. Suche die Korrelativa in diesem Abschnitt.

Konjunktiv im Hauptsatz (Potentialis, Deliberativ)
Wiederholung: Pronomina **hic, ille, iste ipse, idem, is** – Korrelativa

III.

Nec habent res familiares, sed omnia communia sunt; vivunt sine rege, sine imperio. Et sibi ipsi quisque dominus est. Tot uxores habent, quot volunt. Quotiens volunt, coniugem dimittunt. Mulieres, cum nos Christianos convenire poterant, nimia voluptate impulsae omnis pudoris obliviscebantur. Praeterea nullum habent templum et nullam tenent legem.
5 Quid dicam? Vivunt secundum[1] naturam.

[1]secundum *m. Akk. gemäß, im Einklang mit*

1. Suche die Korrelativa in diesem Abschnitt.

2. Welche Bedeutung hat die Subjunktion *cum* (Z. 3)?

3. Suche mindestens ein bedeutungsähnliches Wort im PPP zu *impulsae* (Z. 3).

4. Bestimme die Verwendungsweise des Konjunktivs *dicam* (Z. 5).

IV.

Non sunt inter eos mercatores neque commercium[1]. Populi inter se bella habent sine arte. Senes quibusdam orationibus iuvenes flectunt ad id, quod volunt, eosdem ad bella incendunt, in quibus crudeliter se mutuo[2] interficiunt. Et quos ex bello captivos ducunt, non eorum vitae, sed sui victus[3] causa servant. Nam alii alios et victores victos comedunt[4].
5 Vivunt multos annos et raro morbo afficiuntur. Et, si quam adversam valetudinem habent, se ipsos quibusdam herbis[5] restituunt. Haec sunt, quae apud illos cognovi.

[1]commercium *Handel* – [2]mūtuō *Adv. gegenseitig* – [3]vīctus, -ūs *Ernährung* – [4]comedere *essen* – [5]herba *Kraut, Pflanze*

1. Bestimme das Satzglied *captivos* (Z. 3).

2. Suche und benenne die vier Pronomina in dem Satz Z. 5 f.

3. Suche je ein Beispiel für Verben mit Dehnungsperfekt, Perfekt ohne Stammveränderung, v-Perfekt, s-Perfekt, u-Perfekt.

4. Suche im Text Beispiele für das Possessiv- und das Demonstrativpronomen. Bilde zu diesen Pronomina die entsprechende Form im Singular bzw. Plural.

Faszination der Forschung

Die Erforschung der Welt und ihrer tieferen Zusammenhänge ist kein Phänomen der Neuzeit. Die Naturwissenschaften haben ihren Ursprung bereits in der griechischen Antike. Die ersten Philosophen, die sog. Vorsokratiker, waren eigentlich Physiker, welche die Natur verstehen wollten und die ersten naturwissenschaftlichen Denkmodelle entwickelten.
Auch der römische Philosoph Seneca hatte großes Interesse an solchen philosophischen Fragestellungen im weiteren Sinne. Daher verfasste er auch eine Naturkunde, die *Naturales Quaestiones*. Darin unterhält er sich mit seinem wissbegierigen jüngeren Freund Lucilius auch über die Faszination der Forschung.

I.

LUCIUS: Philosophi Graecorum maximam rem esse arbitrabantur naturam cognoscere. Et tu, ut video, occupatus[1] es in natura investiganda[2].
SENECA: Ita est. Naturam non video ut plurimi, sed occulta secreta[3] eius investigare cupio. Disco, qualis materia (!) universi[4] sit, quis sit auctor et custos mundi[5], quid sit deus, num
5 deus ad nos respiciat et nobis provideat.
Spectamus varias vias siderum[6]: Observamus[7], ubi quaeque stella[8] oriatur, ubi culmen[9] eius cursus sit, ubi stella descendat.
Cognoscere cupimus, certusne ordo (!) omnibus rebus insit et variae res ita coniunctae[10] sint, ut res prior[11] sit causa aliarum rerum.

[1]occupātus *(in m. Akk.) beschäftigt mit* – [2]investīgāre *erforschen* – [3]sēcrētum *Geheimnis* – [4]ūniversum *Weltall* – [5]mundus *Welt(all)* – [6]sīdus, -eris n *Stern, Gestirn* – [7]observāre *beobachten* – [8]stella *Stern* – [9]culmen, -inis n *höchster Punkt, Zenit* – [10]coniūnctus, a, um *verbunden* – [11]prior *früher, vorhergehend*

1. Welche adverbialen Gliedsätze leitet die Subjunktion *ut* ein?

2. Wo begegnen Wortfragen, wo Satzfragen? Beweise, dass es sich um abhängige Fragesätze handelt. Stelle die Fragewörter zusammen und sammle weitere Fragewörter, ggf. aus dem Gesamtwortschatz.

3. Bestimme den Dativ *nobis* (Z. 5).

4. Suche die Deponentien und gib deren Stammformen an.

---

nd-Formen als satzwertige Konstruktionen
Wiederholung: Dativ des Besitzers, des Vorteils, des Zwecks

II.

Lucius: Studium naturae tibi cordi esse video. Certe arbitraris summum bonum esse naturam investigare.

Seneca: Nisi ad naturam investigandam admitterer, vita mihi inanis esset. Quae res enim mihi tum gaudio esset?

5 Lucius: Sed quid tibi ista investigatio[1] materiae prodest?

Seneca: Certe haec investigatio usui est, sed gaudium cognoscendi pulchrius est utilitate[2] et omni praemio. Non investigamus, quia investigatione utilitatem augere, sed secreta[3] naturae cognoscere volumus. Quid enim maius est quam novisse naturam? Cum cognoscendi spe moti naturam rerum comprehendimus, nobis summum gaudium paramus.

[1] investīgātiō, -ōnis f *Erforschung* – [2] ūtilitās, -ātis f *Nutzen* – [3] sēcrētum *Geheimnis*

1. Suche Beispiele für den Dativ des Zwecks. Stelle weitere Wortverbindungen mit dem Dativ des Zwecks zusammen.

2. Stelle die Komposita von *esse* zusammen (vgl. auch I).

3. Bestimme die Verwendungsweise des Konjunktivs in Z. 3.

4. Bestimme die Ablative *utilitate, praemio* (Z. 6 f.) und *investigatione* (Z. 7).

5. Suche die **nd**-Formen in I und II und unterscheide dabei Gerundium und Gerundiv.

6. Wo findest du eine AcI-Konstruktion in I und II?

Fünf Konstruktionen – eine Bedeutung!

Benenne die Konstruktionen. Welche der fünf Konstruktionen weist ein anderes Zeitverhältnis und damit eine veränderte Bedeutung auf?

a) Naturam investigando
b) Naturam investigantes
c) Cum naturam investigamus,   } nobis summum gaudium paramus.
d) Naturā investigandā
e) Naturā investigatā

Ideale Schüler – ideale Lehrer – ideale Eltern

Was kommt nach dem Abitur?

Zu dem anerkannten Redner und Juristen Markus Tullius Cicero kommt Markus, ein junger Römer von 17 Jahren, der sich für ein Jura-Studium und die Laufbahn eines Rechtsanwalts interessiert. Cicero betätigt sich als Berufsberater.

I.

Marcus: Iurisprudentia[1] mihi placet; tamen timore afficior; nam, ut credo, difficillimum est leges proditas discere, causas agere, actiones habere.
5 Cicero: Certe cognitio iuris[2] res magna et difficilis est. Tamen utilitas[3] eius rei homines impellit, ut laborem discendi suscipiant.
Marcus: Quid est maximum officium
10 eorum, qui iuris periti sunt?
Cicero: Eorum est ius conservare et iustitiam colere in omnibus rebus, quae ad cives pertinent.

[1] iūrisprūdentia *Rechtswesen*
[2] cognitiō iūris *gerichtliche Untersuchung*
[3] ūtilitās *Nutzen*

Die Allegorie der Gerechtigkeit. Marmorskulptur am Eingang zum Senatsbereich des Hamburger Rathauses. 1897

1. Bestimme in dem Satz in Z. 5 f. die Satzgliedfunktion von *magna* und *difficilis*.

2. Welche nd-Form liegt bei *discendi* (Z. 8) vor?

3. Übersetze *iuris periti* (Z. 10) mit einem zusammengesetzten deutschen Wort.

4. Welche Adjektive werden wie *peritus* mit dem Genitiv konstruiert? Unterstreiche diese und übersetze alle: *ignarus – acerbus – diligens – cupidus – indignus – memor – nimius – gratus – plenus – exter – dignus.*
Welche dieser Adjektive werden mit dem Ablativ konstruiert?

Prädikatives Gerundiv – Dativus auctoris
Wiederholung: Akkusativ der Richtung, der zeitlichen Ausdehnung – Orts- und Zeitangaben

5. Bestimme den Genitiv *eorum* (Z. 11).

6. Gib die Stammformen zu *discere, agere, impellere, suscipere, colere* an.

II.

Marcus hat davon gehört, dass ein Jurastudium hohe Anforderungen an das logische Denken stellt. Er will nun von Cicero wissen, ob das stimmt.

CICERO: Recte suspicaris. In causis agendis semper nobis definiendum[1] est, de quo agatur: Omnia definitionibus[2] explicanda sunt. Definitione enim breviter explicamus, quod sit proprium[3] eius rei, quam definire volumus.
MARCUS: Ergo viro iuris perito diligenter cogitandum est. Nonne is etiam orator perfectus
5 esse debet?
CICERO: Certe. Non sit aliqui clamator[4]! Iuris peritus arte dicendi scelus hominis nocentis[5] persequatur, innocentem[6] autem a poena iudiciorum liberet!
MARCUS: Qua auctoritate utuntur homines iuris periti?
CICERO: Eis multum honoris, gratiae, dignitatis est. Quis hoc ignorat? In nostra civitate
10 omnes, qui sunt iuris periti, viri gravissimi et clarissimi sunt.

[1]dēfīnīre *näher bestimmen* – [2]dēfīnītiō, -ōnis: *vgl. Fw.* – [3]proprium *charakteristisches Merkmal* – [4]clāmātor: *zu* clāmāre – [5]nocēns, -ntis *hier: schuldig* – [6]in-nocēns

1. Suche die Gerundive, bei denen der Dativus auctoris steht, und überlege, ob sie persönlich oder unpersönlich konstruiert sind.

2. Wo finden sich Jussive?

3. Wie lässt sich *utuntur* (Z. 8) treffend übersetzen? Schlage im Wortschatz nach!

4. Bestimme den Dativ *eis* (Z. 9).

5. Bestimme die Genitive *honoris, gratiae, dignitatis* (Z. 9).

6. Wo finden sich rhetorische Fragen?

Ideale Schüler – ideale Lehrer – ideale Eltern

Orts- und Zeitangaben

Unterscheide die Orts- von den Zeitangaben. Überlege dir jeweils die passende Frage. *(Wann? Wie lange? Wo? Wohin? Woher?)*

domi – multas horas – hoc tempore – Athenis – multos menses – Corinthum – domo – toto imperio – Romae – in castris – multis locis – media nocte – terra marique – illic – foris – quinto quoque anno – postero die – sub monte – media in fronte – interea – foras – illuc – extra castra – antea – eo – inde – in castra – huc

Wann?

Wie lange?

Wo?

Wohin?

Woher?

Prädikatives Gerundiv – Dativus auctoris
Wiederholung: Akkusativ der Richtung, der zeitlichen Ausdehnung – Orts- und Zeitangaben

zum Arbeitsheft 2

C. C. Buchner

35

1. **a)** Apollo deus ab hominibus/comes Musarum vocatus est. Der Gott Apoll wurde von den Menschen Gefährte der Musen genannt. – **b)** Vos, qui mihi auxilio venistis,/a me amici appellamini. Ihr, die ihr mir zu Hilfe gekommen seid, werdet von mir Freunde genannt. – **c)** Homo vitam sine vitiis agens/felix dicitur. Ein Mensch, der sein Leben ohne schlechte Eigenschaften verbringt, wird glücklich genannt. – **d)** Tu, qui semper verbis nostris aures das,/a nobis familiaris putaris. Du, der du unseren Worten immer zuhörst, wirst von uns für einen Freund gehalten. – **e)** Is, cui magna pecunia est,/a multis „Croesus" ducitur. Derjenige, der viel Geld besitzt, wird von vielen für einen Krösus gehalten.

2. **a)** Einen Kaiser, der das Reichsgebiet vergrößert hatte, hielten die Römer für mächtig. – **b)** Einen Menschen, der niemals den Mut verliert und alle schlimmen Dinge erträgt, nennen alle tapfer. – **c)** Ein Mädchen, durch dessen Anblick wir erfreut werden, nennen wir schön. – **d)** Es ist nötig, den Mann zum Senator zu machen, der ein Mensch von großer Tüchtigkeit ist. – **e)** Platon, der viele Bücher verfasst hat, sagte: Macht die Philosophen zu Königen!

3. **tu:** tibi, sine te, te, a te – **vos:** vobis, sine vobis, vos, a vobis – **ego:** a me, me, de me, mihi, pro me – **nos:** a nobis, nos, de nobis, nobis, pro nobis

4. homo magnae virtutis: sehr tüchtig – servus multorum annorum: sehr alt – res parvi pretii: billig – femina mentis laetae: fröhlich – res magni pretii: teuer

5. Heute wird mir unser Befehlshaber ein kleines Buch geben, mit dem er mich zu einem römischen Bürger machen wird. Alle Soldaten, die im Lager sind, wird er herbeirufen. Dann wird er sagen: „Du warst immer ein Soldat von großer Tüchtigkeit, Mogetissa. Auch in schwierigen Angelegenheiten warst du tapfer. Jetzt aber ist deinen Anstrengungen ein Ende (gesetzt). Ein Brief, der von Rom hierher geschickt worden ist, befindet sich in meinen Händen. Mit diesem wird nicht nur dir, sondern auch deiner Familie das Bürgerrecht verliehen." – Endlich werde ich sagen können: „Ich bin ein römischer Bürger."

6. 1: dahin – 2: gern – 3: zuerst – 4: ja sogar – 5: freiwillig – 6: oft – 7: immer – 8: selten – 9: also – 10: heute – 11: heraus – 12: bald – 13: innen – 14: wo – 15: vor allem – 16: sicherlich – 17: heim – 18: wer – 19: zuerst – 20: sofort – 21: freilich

36

1. **a)** Ich bin genervt, weil du mich nicht ausreden lässt. – Wenn du heute Nachmittag vom Sport heimkommst, bring bitte vom Bäcker noch Brot mit. – Wenn du rausgehen willst, trag vorher noch den Müll raus! – Obwohl ich völlig gestresst bin, willst du immer nur auf dem Sofa sitzen und fernsehen. – Als ich heute Vormittag die Wäsche in dein Zimmer brachte, bin ich gleich rückwärts wieder hinausgegangen. – Dadurch dass du weniger mit deinen Klassenkameraden telefoniert hast, hast du gleich viel bessere Noten bekommen.
b) Du lässt mich nicht ausreden und deshalb bin ich genervt. – Du kommst heute Nachmittag vom Sport heim und bringst dabei bitte noch Brot vom Bäcker mit. – Du trägst den Müll raus und dann kannst du hinausgehen. – Ich bin völlig gestresst und trotzdem willst du immer nur auf dem Sofa sitzen und fernsehen. – Heute Vormittag habe ich die Wäsche in dein Zimmer gebracht und dabei bin ich gleich rückwärts wieder hinausgegangen. – Du hast weniger mit deinen Klassenkameraden telefoniert und so gleich viel bessere Noten bekommen.

2. **Unterordnung: a)** *(konditional:)* Wenn wir vieles lernen, begreifen wir vieles. – *(modal:)* Indem wir vieles lernen, begreifen wir vieles. – **b)** Obwohl der Freund auf das Hinterteil fiel, lachte er. – **c)** *(kausal:)* Weil der Sklave von seinem Herrn freigelassen worden war, vergoss er viele Tränen. *(temporal:)* Nachdem der Sklave von seinem Herrn freigelassen worden war, vergoss er viele Tränen. – **d)** Das kleine Buch will ich nicht mehr, weil es von dir beschädigt ist. – **e)** Obwohl wir viel lernen, kennen wir noch wenig.
Beiordnung: a) Wir lernen vieles und begreifen dadurch vieles. – **b)** Der Freund fiel auf das Hinterteil und lachte trotzdem. – **c)** Der Sklave wurde von seinem Herrn freigelassen und vergoss deshalb viele Tränen. Der Sklave war von seinem Herrn freigelassen worden und vergoss dann viele Tränen. – **d)** Das Buch ist von dir beschädigt worden und deshalb will ich es nicht mehr. – **e)** Wir lernen viel und trotzdem kennen wir noch wenig.

3. Nachdem Satto von den Sklaven begrüßt worden war, legte er seine Kleidung ab. Da ging sein Freund Quintus, weil er Satto er-

blickte, zu ihm und begrüßte ihn mit fröhlichen Worten: „Guten Tag, mein Freund! Willst du mit mir zusammen den Körper trainieren?" Während Satto dies hörte, lachte er und sagte: „Obwohl ich meinen Körper gerne mit dir zusammen trainiere, kann ich heute keinesfalls laufen. Denn mein Schlaf war kurz. Wenn wir auf den Sportplatz eilen, wirst du mich aus den Thermen tragen müssen!" Da antwortete Quintus: „Du bist ein fauler Mensch!"

Satto a servis salutatus vestem deposuit. – Tum Quintus amicus Sattonem conspiciens ad eum accessit. – Satto ea audiens risit et dixit. – Libenter tecum corpus exercens hodie nullo modo currere possum.

1. Es steht fest, dass das Recht der Römer die Quelle unseres Rechts ist. Jene gaben ein Recht, das von den Menschen dieser Zeit noch bewahrt wird.
Folgende Angelegenheit bewegte die Menschen jener Zeit immer wieder:
Nicht selten sagte ein Schiffskapitän zu einer schwangeren Frau, die mit dem Schiff eine Reise machen wollte: „Wenn du auf meinem Schiff dein Baby bekommst, werde ich auch für dein Baby von dir Geld fordern. Denn dann werdet ihr zwei sein! Wenn du mir das Geld nicht gibst, werde ich dich vor Gericht rufen." Deshalb urteilten Richter auf die folgende Weise über jene Angelegenheit: Ein Kapitän darf von einer Frau, die ein Baby zur Welt brachte, während sie auf seinem Schiff war, kein Geld fordern, weil die Fahrtkosten des Kindes nicht groß sind. Dieses Urteil hat auch in unseren Zeiten Einfluss.
   a) ius *(n)*; fons *(m)*; homo *(m)*; tempus *(n)*; res *(f)*; navis *(f)*; uxor *(f)*; iter *(n)*; pecunia *(f)*; iudex *(m)*; modus *(m)*; femina *(f)*; iudicium *(n)*
   b) s-Perfekt: dixit – u-Perfekt: volebat, valet – Dehnungsperfekt: commovit, facere – Reduplikationsperfekt: dederunt, peperis – v-Perfekt: conservatur, vocabo, iudicaverunt
   c) temporal: dum – konditional: si, nisi – kausal: quia

2. **a)** der Kaufmann, der im Laden seinen Geschäften nachgeht; mercatores in taberna negotia agentes – **b)** das Vieh, das auf den riesigen Feldern hin und her läuft; pecora in agris vastis huc et illuc currentia – **c)** der Sklave, der die heftigen Vorwürfe nicht mehr aushält; servi crimina acerba non iam sustinentes – **d)** die Kohorten, die die Feinde von den Grenzen fernhalten; cohors hostes a finibus prohibens – **e)** die Güter, die vom Senator gekauft worden sind; bonum a senatore emptum – **f)** der Soldat, der zu Hilfe kommt; milites auxilio venientes – **g)** ein kleines Buch, das von einem Freund nach Rom geschickt worden ist; libelli a familiari Romam missi

1. omnibus diebus; iis diebus, quibus: Ablativ der Zeit
   Immer wieder schimpfen mich Mutter und Vater: „Du musst an allen Tagen die lateinische Sprache lernen." Ich weiß, dass ich lernen muss. Aber ich kann nicht den ganzen Tag lernen: An den Tagen, an denen es nötig ist, viele andere Dinge zu tun, vernachlässige ich die lateinische Sprache ein wenig. Warum verstehen sie nicht, dass ich keine Maschine bin?

2. **a)** Cum hospitibus nostris tectum relinquimus. Zusammen mit unseren Gästen verlassen wir das Haus. – **b)** Fabulas tuas non ignoro: Semper contendis te res ingentes gessisse. Deine Geschichten kenne ich genau: Immer behauptest du, dass du gewaltige Dinge ausgeführt hast. – **c)** Mercator bona sua e flammis servavit. Der Kaufmann rettete seinen Besitz aus den Flammen. – **d)** Crimen vestrum non comprehendo: Nihil feci! Euren Vorwurf begreife ich nicht: Ich habe nichts getan! – **e)** Imperator milites suos iussit arma deponere. Der Feldherr befahl seinen Soldaten die Waffen niederzulegen. – **f)** Nos familiaribus nostris auxilium mittere oportet. Es gehört sich, dass wir unseren Freunden Hilfe schicken. – **g)** Diogenes, philosophus praeclarus, saepe dixit: Omnia mea mecum porto. Diogenes, ein großartiger Philosoph, sagte oft: Alles Meinige trage ich bei mir. – **h)** Liberorum nostrorum causa naturam servare debemus. Unserer Kinder wegen müssen wir die Natur bewahren.

3. **a)** Viele Menschen wollen alles für sich – anderen gestehen sie nichts zu. – **b)** Der Herr schickte seine Diener von sich weg zu vielen Senatoren. Er befahl seinen Dienern, sie zum Essen zu rufen und mit sich nach Hause zu führen. – **c)** Diogenes sagte, dass er ein zufriedenes Leben führe. Oft sagte er, dass er keinen Besitz und deshalb keine Sorgen habe.

4. <u>alere</u>: alis, alebas, ales; aluisti, alueras, alueris – <u>augere</u>: augemus, augebamus, augebimus; auximus, auxeramus, auxerimus – <u>conservare</u>: conservor, conservabar, conservabor; conservatus sum, conservatus eram, conservatus ero – <u>tendere</u>: tenduntur, tendebantur, tendentur; tenti sunt, tenti erant, tenti erunt – <u>fundere</u>: funditis, fundebatis, fundetis; fudistis, fuderatis, fuderitis – <u>respicere</u>: respiciunt, respiciebant, respicient; respexerunt, respexerant, respexerint

5. **Obwohl oft davor gewarnt wurde,** musste dieser Spielplatz im vergangenen Jahr gesperrt werden, **weil Reparaturen notwendig geworden waren.** Deshalb weist die Gemeinde noch einmal auf folgende Verhaltensregeln hin:
Wenn die Spielgeräte benutzt werden, ist darauf zu achten, dass sie pfleglich behandelt werden.
Weil das Unfallrisiko (Glatteis) **hoch ist,** ist das Spielen während der Winterzeit grundsätzlich verboten.
Wenn dagegen mehrmals verstoßen wird, kann die Gemeinde Platzverbot aussprechen. Nur wenn die oben genannten Regeln eingehalten werden, kann vermieden werden, dass folgendes Schild noch einmal angebracht werden muss: „Geschlossen, **weil der Spielplatz absichtlich beschädigt wurde.**"

38

1. Die Plebejer, die den alten Mann, welcher einst ein berühmter Soldat war, hoch schätzten, fragten: „Was ist passiert? Warum sorgt niemand für dich, der du sogar an der Spitze der Kohorten gestanden bist und in den Kämpfen alles gut gelenkt hast?" Darauf antwortete jener: „Ich bin von den Patriziern gezwungen worden, mein Landhaus, die Felder und die Familie zu verlassen und feindliche Völker zu unterwerfen, über die jene herrschen wollten. Immer waren mir meine Gesundheit und mein Leben und das der anderen wenig wert. Wir alle schonten unsere Kräfte niemals! Aber was ist jetzt? Die Patrizier, die für unsere Angelegenheiten nicht sorgen, sind frei von Sorgen – wir, weil wir der Not nicht entfliehen konnten, sind ohne unseren Besitz. Dies ist der Grund für alle Übel, die zwischen uns und jenen sind." Dann zeigte er seine vielen Narben und überzeugte damit die Plebejer, dass sie den Patriziern Widerstand leisten müssen.

2. domum: nach Hause – diu: lange (Zeit) – denique: schließlich, zuletzt – deinde: dann, darauf – undique: von allen Seiten – quidem: freilich, gewiss, wenigstens, zwar – item: ebenso, gleichfalls – iterum: wiederum – modo: nur – occulte: heimlich – tum: da, damals, dann, darauf – tamen: dennoch, jedoch – tandem: endlich – eo: dorthin, deswegen – enim: nämlich, in der Tat – interea: inzwischen, unterdessen – interdum: manchmal

3. inesse: darin sein – disponere: auseinanderlegen, verteilen – inducere: hinein-, einführen – proponere: vorsetzen – praeponere: nach vorne stellen, voranstellen – recedere: zurückgehen – reducere: zurückführen – remittere: zurückschicken – reponere: zurücklegen – praemittere: vorausschicken

4. Einst ruhte sich ein Löwe im Freien aus und schlief einige Stunden lang. Er nahm nicht einmal Mäuse wahr, die in der Nähe spielten und hierhin und dorthin liefen.
Eine von ihnen, die sich keineswegs fürchtete, kam heimlich zum Kopf des Löwen herbei und ließ sich auf dessen Ohr nieder. Dort lachte sie den schlafenden Löwen sogar aus. Nicht einmal da fühlte der Löwe, dass er von Mäusen umgeben ist.
Plötzlich aber wurde er, weil die Mäuse allzu sehr geschrieen hatten, aufgeweckt; er ergriff die allzu tapfere Maus, nachdem sie von dessen Kopf herabgestiegen war, mit der rechten Tatze. Nachdem die Maus aber verstanden hatte, dass sie dem Tode nicht mehr entkommen kann, vergoss sie viele Tränen und bat dabei den Löwen: „Herr, der du die ganze Natur beherrschst, verzeih mir, der ich ohne jede Kraft bin! Höre mir zu: Für einen wahren Herren wird der gehalten, der auch für die kleinen Lebewesen sorgt. Höre außerdem Folgendes: Wenn du im Unglück bist, werde auch ich dir nützlich sein können."
Da entließ der Löwe die Maus, nachdem sie ihn mit diesen Worten überzeugt hatte.
Nach kurzer Zeit lag der Löwe, den Menschen in Fesseln gelegt hatten, traurig da; mit seinem Gebrüll brachte er alle Tiere, die im Wald waren, in Verwirrung und erschreckte sie sehr. Aber die Maus kam dem König der Tiere zu Hilfe: Indem sie den Strick, mit dem der Löwe festgehalten wurde, ringsherum benagte, befreite sie ihn.
Sie sprach: „So kann ich dir endlich danken – denn immer werde ich im Gedächtnis behalten, dass du deine Kräfte maßvoll gebraucht hast; immer werde ich im Gedächtnis behalten, dass ich von einem wahren Herren freigelassen worden bin. Behalte auch du im Gedächtnis, dass die Hilfe der kleinen Tiere sogar den größten manchmal nützlich ist!"

Lösungen

39

1. **placet** – placebat – placebit – placuit – placuerat – placuerit / **ponitur** – ponebatur – ponetur – posita est – posita erat – posita erit / **est** – erat – erit – fuit – fuerat – fuerit / **colit** – colebat – colet – coluit – coluerat – coluerit / **ineunt** – inibant – inibunt – inierunt – inierant – inierint / **perimus** – peribamus – peribimus – periimus – perieramus – perierimus / **resistis** – resistebas – resistes – restitisti – restiteras – restiteris / **respondet** – respondebat – respondebit – respondit – responderat – responderit / **abeo** – abibam – abibo – abii – abieram – abiero / **subeo** – subibam – subibo – subii – subieram – subiero / **audiunt** – audiebant – audient – audiverunt – audiverant – audiverint / **cognoscunt** – cognoscebant – cognoscent – cognoverunt – cognoverant – cognoverint / **movet** – movebat – movebit – movit – moverat – moverit / **iubet** – iubebat – iubebit – iussit – iusserat – iusserit

2. Wir alle wissen, dass Cincinnatus ein angesehener Mann war. Nachdem dieser von den Senatoren geholt worden war, ging er auf das Forum und bewegte dort die Römer mit einer energischen Rede. Nach der Rede versammelte er Soldaten auf dem Forum. Vor Tagesanbruch führte er die Kohorten aus der Stadt. Nachdem die Truppen wenige Stunden durch Staatsgebiet marschiert waren, gelangten sie in das Gebiet der Feinde. Nachdem sie zum Lager der Feinde gekommen waren, begannen sie den Kampf und besiegten die Feinde im Kampf. So erreichte Cincinnatus innerhalb weniger Tage das, was die Senatoren befohlen hatten.

3. contra, ante, apud, post, per, extra, ad, inter, in, intra

4. Nachdem der Frühling zurückgekehrt war, begrüßte auch die Grille den Beginn des neuen Jahres, indem sie Lieder sang. Stets saß sie auf einem Baum, sang dabei und war fröhlich, weil die Sonne mit ihrem hellen Licht die ganze Natur erfreute.
Dann aber zeigten heftige Winde den Winter an. Auf diese Weise wurde die Grille sehr erschreckt und ihr kam in den Sinn, dass von ihr noch kein Vorrat gesammelt worden war. Mit diesem Vorrat wollte sie sich im Winter eine Mahlzeit bereiten. Aber sie verstand ebenso, dass es jetzt zu spät sei.
Deshalb bat sie die Ameise, weil sie die Zukunft fürchtete: „Du hast, weil du den ganzen Sommer hindurch Getreide gesammelt hast, eine große Menge an Nahrung. Gib mir bitte einen kleinen Teil davon. Wenn ich diesen von dir erhalte, werde ich leben können. Wenn nicht ..."
Die Ameise aber antwortete: „Dich kenne ich gut: Was hast du in diesem Sommer gemacht? Ich habe viele Monate hindurch gewaltige Anstrengungen auf mich genommen – dich aber freute es ein angenehmes Leben zu führen. Ich strengte mich an und beeilte mich und lief – du aber hieltest es für unwürdig zu arbeiten und Früchte zu nehmen; im Gegenteil, du lobtest mit deinen Liedern die Natur, nichts tatest du. Bin ich etwa dein Diener? Singe also auch jetzt! Wärme den Körper an deinen Liedern! Iss deine Lieder!"

40

1. a) **ERSTER TEIL:** Von jenem (berühmten) Polyphem und von der List, mit der Odysseus, ein König der Griechen, den Polyphem besiegte, hast du schon gehört. Jetzt aber will ich dir von seinem Hund erzählen, der Argos genannt wurde:
Als Odysseus und die übrigen Feldherren nach Troja eilten, war Argos noch ein kleiner Hund. Nachdem Odysseus nach Troja gekommen war, kämpfte er dort einige Jahre lang gegen die Trojaner. Im zehnten Jahr endlich nahmen die Griechen die Festung ein. Später segelte Odysseus zehn Jahre lang über die Meere. Derselbe nahm die größten Gefahren auf sich – immer wieder ging er aus ihnen heraus. Während er alles dies ertrug, verlangte er nach einer einzigen Sache und sehnte sich nach ihr: Er wollte zu seiner Frau und seinem Sohn zurückkehren.
b) **ZWEITER TEIL:** Inzwischen aber war in der Heimat des Odysseus vieles verändert: Weil die Bürger lange Zeit ohne ihren König sein mussten, sagten sie, dass Penelope, die Gattin des Odysseus, einen anderen Mann heiraten müsse. Deshalb kamen von allen Seiten junge Männer zusammen, die sich darum bemühten gerade Penelope zu heiraten: „Wähle einen von uns aus, Königin!"
Da sorgte niemand für Argos, den unglücklichen Hund; niemand gab ihm Fressen. Nur mit diesen Dingen, die von den speisenden Gästen zurückgelassen worden waren, entkam er dem Tod. Derselbe musste im Mist schlafen; die Mücken und die Läuse quälten ihn.
c) **DRITTER TEIL:** Während sich dies ereignete, kehrte Odysseus auf seine Insel zurück. Bald durchschaute er alles, bald begriff er, dass er selbst, der König der Insel, in Gefahr sei. Denn er wusste, dass er selbst ein Feind

der jungen Männer sei: „Wenn sie merken, dass ich Odysseus bin, werden sie mich töten. Das ganze Vermögen werden sie unter sich teilen." Wiederum wurde er gezwungen mit einer List zu kämpfen:

Mit den Kleidern eines Bettlers bekleidet betrat er sein eigenes Haus. Niemand bemerkte ihn, niemand erkannte ihn, nicht einmal Penelope sah, dass der Bettler tatsächlich ihr eigener Mann ist. Aber Argos hörte die Stimme des Bettlers und fühlte dabei, dass sein Herr da sei. Weil er viele Jahre alt war, konnte er nur mit Mühe aufstehen, kaum zu Odysseus hingehen.

Odysseus selbst bemühte sich seine Tränen zurückzuhalten: Den armen Argos streichelte er mit beiden Händen. Da starb der Hund, der von sehr großer Treue war. Traurig betrachtete Odysseus ihn.

Nachdem aber die jungen Männer Odysseus und den toten Argos erblickt hatten, lachten sie beide aus: „Seht, die Bettler. Beim Mist befinden sie sich – denn sie selbst sind Mist. Hahaha!"

2. **a-Konj.:** <u>nominare</u>: nomino, nominavi, nominatum – <u>narrare</u>: narro, narravi, narratum – <u>pugnare</u>: pugno, pugnavi, pugnatum – <u>occupare</u>: occupo, occupavi, occupatum – <u>desiderare</u>: desiderare, desidero, desideratum
e-Konj.: <u>sustinere</u>: sustineo, sustinui
i-Konj.: <u>audire</u>: audio, audivi – <u>pervenire</u>: pervenio, perveni
kons. Konj.: <u>vincere</u>: vinco, vici – <u>contendere</u>: contendo, contendi – <u>cupere</u>: cupio, cupivi

3. mutata erant: mutabantur – carere: caruisse – debebant: debuerant – dixerunt: dicunt – nubere: nupsisse – debere: debuisse – convenerunt: conveniunt – studebant: studuerant – curavit: curat – dedit: dat – relictae erant: relinquebantur – effugit: effugit – quiescere: quievisse – debuit: debet – torserunt: torquent

4. **a-Dekl.:** insula, -ae *f* – lacrima, -ae *f* – vita, -ae *f*
o-Dekl.: periculum, -i *n* – inimicus, -i *m* – dolus, -i *m* – maritus, -i *m* – dominus, -i *m* – annus, -i *m*
3. Dekl.: rex, regis *m* – adulescens, adulescentis *m* – vestis, vestis *f* – aedis, aedis *f* – vox, vocis *f* – canis, canis *m/f*
e-Dekl.: res, rei *f* – fides, fidei *f*
u-Dekl.: manus, manus *f* (!)

41

1. **Z. 2:** vult – er will, volebat – er wollte, voluit – er hat gewollt, voluerat – er hatte gewollt; **Z. 3:** non vult – er will nicht, nolebat – er wollte nicht, noluit – er hat nicht gewollt, noluerat – er hatte nicht gewollt; **Z. 4:** non vis – du willst nicht, nolebas – du wolltest nicht, noluisti – du hast nicht gewollt, nolueras – du hattest nicht gewollt; **Z. 4:** malo – ich will lieber, malebam – ich wollte lieber, malui – ich habe lieber gewollt, malueram – ich hatte lieber gewollt; **Z. 7:** malle – lieber wollen, maluisse – lieber gewollt (zu) haben

2. **nolle:** non vult – nolebas – nolueramus – non vis – noluistis – nolebant; **malle:** mavult – malebas – malueramus – mavis – maluistis – malebant

3. a) Pater ad servos: „Nolite in forum properare! Nolite pisces emere!" Der Vater (sagt) zu den Sklaven: „Eilt nicht auf das Forum! Kauft keine Fische!" – b) Mater ad Paulum: „Noli domi manere!" Die Mutter (sagt) zu Paulus: „Bleib nicht zu Hause!" – c) Hamilcar ad milites: „Nolite proelium inire!" Hamilkar (sagte) zu seinen Soldaten: „Beginnt nicht den Kampf!"

4. M. Atilius Regulus, ein Konsul des römischen Staates, hatte im ersten Punischen Krieg den Oberbefehl über ein großes Heer (leitete ein ...). Er setzte mit demselben Heer nach Afrika über. Nachdem Regulus viele Städte und Lager erobert hatte, umzingelten schließlich die Karthager sein Heer, ergriffen den Feldherrn und legten ihn in Fesseln.

Dann forderten die Feldherrn der Karthager von Regulus dies: „Wir wollen, dass unsere Soldaten, die Gefangene sind und in Rom ein unglückliches Leben führen, uns zurückgegeben werden und nach Hause zurückkehren. Wir wollen lieber mit den Römern Frieden schließen als erneut (wiederum) einen Kampf beginnen. Wir befehlen dir, selbst die Senatoren aufzusuchen und ihnen dies zu melden, was wir fordern. Du musst jetzt schwören: 'Wenn eure Soldaten nicht nach Hause zurückkehren (werden), werde ich selbst nach Karthago zurückkehren und zum Tode verurteilt werden.' Täusche uns nicht!"

Regulus schwor diesen Eid: „Wenn die Gefangenen nicht zurückgegeben werden, werde ich selbst nicht in Rom bleiben, sondern nach Karthago zurückkehren. Ich werde mein Wort halten."

Darauf verließ Regulus Karthago und nahm die vielen Anstrengungen der Reise auf sich.

1. Regulus suchte sofort den Senat in Rom auf und überbrachte (meldete) die Bedingungen der Karthager. Die Senatoren wollten die Gefangenen zurückgeben. Da konnte Regulus seinen Zorn kaum mäßigen (mäßigte seinen Zorn kaum) und versuchte mit einer energischen Rede die Senatoren (die Herzen der Senatoren) umzustimmen: „Senatoren, vertraut nicht den Worten der Karthager! Nicht ohne irgendeinen Grund, nicht ohne irgendeine List haben die Karthager diese Forderungen gestellt (dies gefordert). Wenn irgendjemand glaubt, dass die Karthager Frieden mit den Römern schließen wollen, irrt er sich. Sie wollen keinen Frieden mit uns schließen.
Weil die Gefangenen junge Männer und gute Soldaten sind, wollen die Karthager, dass sie zurückgegeben werden. Sorgt für den römischen Staat! Gebt die Gefangenen nicht zurück! Ich werde unseren Feinden zeigen, dass die Römer große Tapferkeit besitzen und ihr Wort halten. Deshalb werde ich nach Karthago zurückkehren."
Mit diesen Worten überzeugte Regulus die Senatoren, dass er selbst sein Wort halten müsse, sie jedoch die Gefangenen nicht zurückgeben dürften.
Bald darauf kehrte Regulus (zwar) traurig, aber mit sich selbst zufrieden nach Karthago zurück. Dort wurde er tatsächlich getötet.

2. **aliqui victor**, alicuius victoris, alicui victori, aliquem victorem, aliquo victore / aliqui victores, aliquorum victorum, aliquibus victoribus, aliquos victores, aliquibus victoribus
aliqua amicitia, alicuius amicitiae, alicui amicitiae, aliquam amicitiam, aliqua amicitia / aliquae amicitiae, aliquarum amicitiarum, aliquibus amicitiis, aliquas amicitias, aliquibus amicitiis
aliquod iter, alicuius itineris, alicui itineri, aliquod iter, aliquo itinere / aliqua itinera, aliquorum itinerum, aliquibus itineribus, aliqua itinera, aliquibus itineribus

3. a) Hannibal laetus cum patre in Hispaniam transiit. Hannibal setzte froh mit seinem Vater nach Spanien über. – b) Imperator Carthaginiensium primus exercitum et multos elephantos Alpes traduxit. Der Feldherr der Karthager führte als Erster sein Heer und viele Elefanten über die Alpen. – c) Hannibal puer hoc iusiurandum iuravit: „Hostis Romanorum decedam." Hannibal leistete als Junge diesen Eid: „Als Feind der Römer werde ich sterben." – d) Hannibal tristis in Syriam fugit. Ibi senex decessit. Hannibal flüchtete traurig nach Syrien. Dort starb er als alter Mann. – e) Romae cives de salute desperantes supplices manus ad caelum tollebant. In Rom erhoben die Bürger, die die Hoffnung auf Rettung aufgaben, demütig bittend die Hände zum Himmel.

4. a) hanc / ipsam / illam mulierem – b) hoc / ipsum / illud iusiurandum – c) huic / ipsi / illi viro – d) hos / ipsos / illos senes – e) his / ipsis / illis vestibus – f) huius / ipsius / illius gentis – g) horum / ipsorum / illorum hostium – h) a hoc / ipso / illo victore

1. a) Was ereignete sich? – b) Wo ereignete sich das Verbrechen? – c) Wer sah das Verbrechen zufällig? – d) Wer meldete nachher das Verbrechen? – e) Wer sagt die Wahrheit? – f) Wer will mich täuschen? – g) Wer behauptet Falsches? – h) Wohin entfloh der Verbrecher? – i) Wie viele Güter wurden geraubt? – j) Raubte der Verbrecher Besitz von großem Wert? – k) Wer wird diesen kaufen? – l) Warum hatte der Verbrecher außerdem einen Mord vor? – m) Wo wird der Besitz, der vom Verbrecher verborgen worden ist, von meinen Gehilfen gefunden werden?

2. Sieh da, jener Mensch, der vor dem Laden steht. Mit welch überheblichem Gesicht er die Güter betrachtet! Mit welch vornehmem Gesicht er über den Preis verhandelt! Während ich ihn zum ersten Mal sah, glaubte ich fast, dass er ein riesiges Vermögen hat. Aber während ich ihn länger betrachtete, bemerkte ich, dass jener tatsächlich nicht viel besitzt. Denn jener hat nur alte Kleidung; jener hat Schuhwerk, das nicht teuer ist. Jetzt steht fest, dass auch der Händler dessen Worte gering schätzt – denn er schickt jenen aufgeblasenen Kerl weg!

3. a) abire: servis abeuntibus; den Sklaven, die weggehen – b) movere: verbi moventis; des Wortes, das bewegt – c) audire: avos audientes; die Großväter, die hören – d) colere: senatores colentes; die Senatoren, die verehren – e) ponere: mercator ponens; der Kaufmann, der legt – f) respondere: ministro respondente; mit dem Diener, der antwortet – g) perire: hominibus pereuntibus; durch die Menschen, die umkommen – h) velle: puella volens; das Mädchen, das will

4. **1. Pers. Pl.:** Nunc verba repetere nolumus, cum amicis ludere malumus quam laborare. –
3. Pers. Pl.: Nunc verba repetere nolunt, cum amicis ludere malunt quam laborare. –
2. Pers. Sg.: Nunc verba repetere non vis, cum amicis ludere mavis quam laborare. –
2. Pers. Pl.: Nunc verba repetere non vultis, cum amicis ludere mavultis quam laborare. –
3. Pers. Sg.: Nunc verba repetere non vult, cum amicis ludere mavult quam laborare.

5. a) aliquam mulierem – b) aliquod iusiurandum – c) alicui viro – d) aliquos senes – e) aliquibus vestibus – f) alicuius gentis – g) aliquorum hostium – h) ab aliquo victore

6. consilium inire → einen Beschluss fassen / modum transire → das Maß überschreiten / labores subire → Anstrengungen auf sich nehmen / magistrum adire → sich an den Lehrer wenden / in portum redire → in den Hafen zurückkehren

43

1. a) Servorum erat dominis parere. Es war Aufgabe der Sklaven, ihren Herren zu gehorchen. – b) Magistratuum est ad rem publicam accedere. Es ist die Pflicht der Beamten, sich dem Staatsdienst zu widmen. – c) Nautarum est ancoras tollere. Es ist Aufgabe der Matrosen, die Anker zu lichten. – d) Magistri est liberos docere. Es ist Aufgabe eines Lehrers, die Kinder zu unterrichten. – e) Militum est patriam ab hostibus defendere. Es ist die Pflicht der Soldaten, die Heimat vor Feinden zu verteidigen. – f) Liberorum est verba discere. Es ist die Pflicht der Kinder, die Wörter zu lernen. – g) Mercatorum est negotia agere. Es ist die Eigenschaft der Kaufleute (Es ist typisch/charakteristisch für Kaufleute), ihren Geschäften nachzugehen. – h) Praetorum erat ius dicere. Es war Aufgabe der Prätoren, Recht zu sprechen. – i) Imperatoris est exercitui praeesse. Es ist Aufgabe eines Feldherrn, das Heer zu führen (leiten).

2. a) Anseres Iunonis deae custodibus Capitolii usui erant. Die Gänse der Göttin Juno waren den Wachen des Kapitols von Nutzen. – b) Thermae Camboduno oppido ornamento erant. Die Thermen dienten der Stadt Kempten als Schmuck. – c) Salus rei publicae Cincinnato cordi erat. Das Wohl des Staates lag Cincinnatus am Herzen. – d) Romani et Hannibali et Hamilcari odio erant. Die Römer waren sowohl Hannibal als auch Hamilkar verhasst. – e) Minotaurus Atheniensibus timori erat. Minotaurus versetzte die Athener in Furcht. – f) Nubes atrae Silviae matri curae erant. Dunkle (schwarze) Wolken bereiteten Silvia Sorgen.

3. In Bajä lebte ein Junge, dessen Eltern nicht viel Geld hatten. Täglich begab sich (ging) der Junge von dieser Stadt nach Puteoli zur Schule seines Lehrers. Gerne kam der Junge, wenn er zur Schule ging, zum Hafen der Stadt Bajä und gab den Fischen kleine Brotstückchen. Oft dachte er traurig: „Weil mein Vater nicht viel Geld besitzt, werde ich niemals über das Meer segeln können."
An irgendeinem Tag war der Junge wieder (einmal) am Hafen und gab den Fischen Brotstückchen, wie er es oft tat, als plötzlich ein Delfin aus dem Meer auftauchte. Voller Freude (mit Freude versehen) lockte der Junge den Delfin mit freundlicher (süßer) Stimme an. Tatsächlich schwamm der Delfin zu dem Jungen und blieb bei ihm.
Auch am nächsten Tag schwamm der Delfin zu dem Hafen und versuchte, mit dem Jungen zu spielen. Nach einigen Tagen war zwischen dem Jungen und dem Delfin eine Freundschaft entstanden (waren der Junge und der Delfin durch Freundschaft verbunden). Oft schwamm der Delfin mit dem Jungen auf dem Rücken (wobei / indem er den Jungen auf dem Rücken trug) durch das Meer nach Puteoli. Dieses Spiel erfüllte einige Monate beide mit Freude.
Plötzlich aber erkrankte der Junge und starb. Immer wieder schwamm der Delfin zum Hafen der Stadt Bajä und wartete vergeblich auf den Jungen; weil der Junge nicht mehr kam, verließ der Delfin immer traurig den Hafen.
Schließlich starb auch der Delfin selbst.

44

1. **a)** legeret → er läse – **b)** opprimebar → ich wurde bedroht – **c)** arcesserent → sie würden herbeiholen – **d)** spectarentur → sie würden angeschaut werden – **e)** colebatis → ihr pflegtet

2. **legerem et responderem** (ich läse und antwortete) – legeres et responderes (du läsest und antwortetest) – legeret et responderet (er, sie, es läse und antwortete) – legeremus et responderemus (wir läsen und antworteten) – legeretis et responderetis (ihr läset und antwortetet) – legerent et responderent (sie läsen und antworteten)
   vellem et possem (ich wollte und könnte) – velles et posses (du wolltest und könntest) – vellet et posset (er, sie, es wollte und könnte) – vellemus et possemus (wir wollten und könnten) – velletis et possetis (ihr wolltet und könntet) – vellent et possent (sie wollten und könnten)
   abirem et properarem (ich ginge weg und eilte) – abires et properares (du gingest weg und eiltest) – abiret et properaret (er, sie, es ginge weg und eilte) – abiremus et properaremus (wir gingen weg und eilten) – abiretis et properaretis (ihr ginget weg und eiltet) – abirent et properarent (sie gingen weg und eilten)

3. 1. segle! – 2. ihr könntet – 3. du willst nicht – 4. sie würden angefüllt – 5. sie ermahnen – 6. sie werden hinüberführen – 7. sie richteten zugrunde – 8. du bemerkst – 9. mach weiter! – 10. ich hatte wiederholt – 11. nehmt auf euch! – 12. seid! – 13. er ginge – 14. wir wurden gehört

4. Titus grüßt seinen Freund Markus!
   Markus, schon seit einigen Stunden sind wir in Pästum und schauen die von den Griechen gegründete Siedlung an. Jetzt sitzen wir in einem Gasthaus und frischen unsere Kräfte auf.
   Erinnerst du dich (noch) an die Worte unseres Lehrers? Er hat uns schon viel von dieser Siedlung und Großgriechenland erzählt. Er würde sich freuen, wenn er wüsste, dass ich mich jetzt in dieser Gegend aufhalte.
   Zu Recht wird diese Siedlung von unserem Lehrer bewundert. Schon viele Gebäude von Pästum haben wir angeschaut, besonders von den drei großartigen Tempeln sind wir beeindruckt. Auch dir würden diese Tempel gefallen, wenn sie dir jetzt vor Augen stünden. Gerne würde ich mit dir durch die Straßen von Pästum gehen.
   Mit einem großen und schönen Schiff sind wir von Ostia bis zum Hafen von Pästum gesegelt. Vor einigen Stunden wurde unser Schiff durch einen sehr großen Sturm hin und her geworfen; deshalb gerieten wir sehr in Furcht, aber unser Kapitän steuerte mit größter Umsicht das Schiff durch die Meeresfluten. Jetzt bereiten uns schwarze Wolken keine Sorgen mehr, sondern uns erfreut die Sonne.
   Gerne würde ich dir noch mehr erzählen, aber wir müssen jetzt den Hafen von Pästum aufsuchen und an Bord unseres Schiffes gehen. Wenn wir die Reise beendet haben, werde ich dir von Sizilien einen zweiten Brief schreiben. Lebe wohl.

45

1. Corinna: „Wenn nicht der Sturm nachgelassen hätte, hätten wir unsere Reise nicht fortsetzen können. Wenn Licinius, unser Kapitän, sich nicht um unser Wohl gekümmert hätte, wäre unser Schiff von widrigen (ungünstigen) Winden zerstört worden. Wenn wir nicht von einem großen Sturm heimgesucht worden wären, wären die Delfine noch lange unsere Begleiter gewesen."
   Titus: „Wenn wir noch länger durch die Straßen von Pästum gegangen wären, wäre ich von sehr großem Hunger gequält worden. Wenn Vater uns noch länger von den Wissenschaften der Griechen erzählt hätte, hätte das Schiff ohne uns den Hafen von Pästum verlassen."

2. **a)** <u>sedeo</u> → sedet → sedent → sedebant → sederent → sedissent → sederant → sederamus → sederam → sedi – **b)** <u>scribit</u> → scribunt → scribent → scribemus → scribebamus → scriberemus → scriberetis → scripsissetis → scripsissent → scripsisset → scripserat → scribebat → scribit – **c)** <u>canimus</u> → cano → cecini → cecineram → cecinissem → cecinisses → cecinissetis → cecineratis → canebatis → canebamus → canimus

3. Corinna: „Si tu magistro nostro semper aures dedisses, plus didicisses." Titus: „Nisi tu iterum atque iterum in ludo amicis aliquid narravisses, non semper a magistro monita esses." Corinna: „Wenn du unserem Lehrer immer wieder zugehört hättest, hättest du mehr gelernt." Titus: „Wenn du nicht immer in der Schule deinen Freundinnen irgendetwas erzählt hättest, wärst du von unserem Lehrer nicht immer ermahnt worden."

4. mansissemus: 1. Pers. Pl. Konj. Plusqpf. Akt. – delectantur: 3. Pers. Pl. Ind. Präs. Pass. – fuissetis: 2. Pers. Pl. Konj. Plusqu. Akt. – issetis: 2. Pers. Pl. Konj. Plusqpf. Akt. – audivissetis: 2. Pers. Pl. Konj. Plusqpf. Akt. – habuisti: 2. Pers. Sg. Ind. Perf. Akt. – agimus: 1. Pers. Pl. Ind. Präs. Akt. – optaveris: 2. Pers. Sg. Ind. Fut. II Akt.

5. Einst segelte der Philosoph Diogenes über das weite (riesige) Meer von Korinth nach Asien. Nachdem er eine Reise von vielen Tagen hinter sich gebracht hatte (gemacht) hatte, näherte sich sein Schiff der Küste Asiens.
An dieser Küste war eine Stadt gelegen, deren Türme hoch und deren Stadtmauern gewaltig waren. Da Diogenes von den hohen Türmen und den gewaltigen Stadtmauern beeindruckt war, sagte er zum Kapitän: „Was für eine große Stadt! Niemals hätte ich geglaubt, dass hier so eine große Stadt ist. Niemals zuvor habe ich so eine Stadt wie diese aufgesucht. Selbst Korinth ist nicht so groß wie diese Stadt."
Nach kurzer Zeit näherte sich das Schiff dem Hafen. Aber jetzt sah Diogenes, dass hinter den Mauern keine große Stadt lag, sondern eine kleine. Als Diogenes nach einigen Stunden auf dem Marktplatz der Stadt stand, sagte er zu den Einwohnern: „Wenn ich nur von weitem eure Stadt gesehen hätte, wäre ich von euch getäuscht worden. Verschließt die Tore eurer Stadt, Bürger! Denn eure Stadt kann durch die Tore entschwinden."

1. a) petere (Verb der kons. Konjug.) – **b)** rogare (ut; *aber*: metuere / timere / periculum est, ne) – **c)** Infinitiv (kein Modus)

2. supra: oberhalb, über – gladius: Schwert oder gladiator: Gladiator, Schwertkämpfer – optare: wünschen – interrogare: fragen

3. 1. Bild: tyrannus, crudelis, crudelitas, metuere, timere, dives, divitiae, metus, timor
2. Bild: lectus, iacere, mensa, cena, cibus, gladius, pendere, periculum, mors, metus, metuere, timere

4. Titus et Corinna optabant, ut vires in taberna recrearentur. Titus und Corinna wünschten, dass ihre Kräfte in einem Gasthaus aufgefrischt werden / ihre Kräfte in einem Gasthaus aufzufrischen. • Damocles tyrannum oravit, ut sibi domum redire liceret. Damokles bat den Tyrannen, dass er nach Hause zurückkehren dürfe. • Pater Eugippum oravit, ut liberis de Diogene philosopho narraret. Der Vater bat Eugippus darum, dass er den Kindern (etwas) über den Philosophen Diogenes erzähle. • Periculum erat, ne navis tempestate deleretur. Es bestand die Gefahr, dass das Schiff durch den Sturm zerstört werde. • Cornelius avunculus optavit, ut liberi aures darent. Onkel Cornelius wünschte, dass die Kinder zuhören. • Damocles metuebat, ne gladio interficeretur. Damocles fürchtete, dass er von dem Schwert getötet werde. • Scipio cives monuit, ne de salute desperarent. Scipio ermahnte die Bürger, dass sie nicht die Hoffnung auf Rettung aufgeben / nicht die Hoffnung auf Rettung aufzugeben. • Magister liberos monuit, ut verba Latina discerent. Der Lehrer ermahnte die Kinder, dass sie die lateinischen Wörter lernen / die lateinischen Wörter zu lernen.

5. Der Tyrann Dionysius, von dem ich euch schon erzählt habe, hatte einen gleichnamigen Sohn, der so grausam war wie sein Vater. Weil auch der Sohn bei sehr vielen Bürgern verhasst war, versuchte ihn Damon, ein Mann von großer Tapferkeit, zu töten. Aber Damon wurde von den Wachposten ergriffen und zu dem Tyrannen geführt, der befahl, dass dieser Verbrecher getötet werde.
Damon jedoch bat Dionysios darum, dass er nicht sofort getötet werde. „Vor meinem Tod", sagte er, „will ich (noch) zur Hochzeit meiner Schwester gehen. Unterdessen wird mein Freund dein Gefangener sein und für mich den Tod auf sich nehmen, wenn ich nicht rechtzeitig zurückkehre." Obwohl Dionysios wegen jener Worte Damon verlachte, gestand er ihm dennoch einen Zeitraum von drei Tagen zu.
Darauf verließ Damon den Tyrannen und begab sich zur Hochzeit seiner Schwester. Nach der Hochzeit aber beeilte er sich zu dem Tyrannen zurückzukehren, weil die Gefahr bestand, dass sein Freund getötet werde. Aber durch verschiedene Gefahren wurde Damon daran gehindert, dass er rechtzeitig zurückkehrte / rechtzeitig zurückzukehren.
Deshalb befahl der grausame Tyrann, dass Damons Freund getötet werde.
Endlich kehrte Damon zurück und rief schon von weitem: „Töte meinen Freund nicht, Tyrann! Ich bin hier. Mein Wort habe ich gehalten." Aber der Tyrann konnte, weil er von der großen Freundschaft der zwei Männer beeindruckt war, seine Tränen kaum zurückhalten und bat darum, dass er der dritte Freund sein dürfe.

1. **v-Perf:** arcessere, delere – **u-Perf.:** consulere, studere – **s-Perf.:** neglegere, opprimere – **Dehnungsperf.:** invenire, decipere, movere – **Reduplikationsperf.:** pellere, addere – **Perf. ohne Stammveränderung:** comprehendere, metuere

   a) neglegere, neglego, neglexi, neglectum – b) invenire, invenio, inveni, inventum – c) pellere, pello, pepuli, pulsum – d) decipere, decipio, decepi, deceptum – e) opprimere, opprimo, oppressi, oppressum – f) arcessere, arcesso, arcessivi, arcessitum – g) consulere, consulo, consului – h) delere, deleo, delevi, deletum – i) comprehendere, comprehendo, comprehendi, comprehensum – j) movere, moveo, movi, motum – k) addere, addo, addidi, additum – l) metuere, metuo, metui – m) studere, studeo, studui

2. a) Avus de temporibus antiquis liberis narravit. – b) Pater ante aedes praeclaras mansit. – c) Mercator e taberna parva cucurrit. – d) Publius ad simulacrum Apollinis amicos convenit. – e) Claudia propter iniuriam turpem tristis fuit. – f) Pompeiani propter nubem atram perterriti sunt. Ii sine ulla mora tecta reliquerunt. – g) Ulixes sine timore magno pericula subiit. – h) Mogetissa pro laboribus ingentibus civitatem accepit.

1. a) **tenderent:** tenderentur, sie würden gespannt werden – b) **agitaverunt:** agitati sunt, sie sind getrieben worden – c) **alemur:** alemus, wir werden großziehen – d) **attingeretur:** attingeret, er würde berühren – e) **augebitur:** augebit, er wird vergrößern – f) **decipiar:** decipiam, ich werde täuschen – g) **exceperas:** exceptus eras, du warst empfangen worden – h) **excitavisti:** excitatus es, du bist ermuntert worden – i) **exercemini:** exercetis, ihr trainiert – j) **prohiberet:** prohiberetur, er würde abgehalten werden – k) **tegimini:** tegitis, ihr bedeckt

2. a) Fur a iudice capitis damnatus est. – b) Milites post bellum a Cincinnato dimissi sunt. – c) Ingens exercitus ab Hannibale in Italiam traductus est. – d) Calvisius senator a populo laesus est.

3. Cäsar, der sein Heer über die Alpen führte, um in Spanien mit Pompejus zu kämpfen, kam in ein kleines Dorf. Dort begegneten ihm wenige Einwohner, die ohne jeden Reichtum waren und deshalb ein hartes Leben führten. Sie wurden von solch großer Not bedroht, dass sie Cäsar keine Mahlzeit geben konnten, die dem Herrn der Welt würdig war.
Von ihrem erbärmlichen Anblick veranlasst, sagten die Begleiter Cäsars lachend: „Sicherlich hat sich an diesem Ort, der nicht einmal Dorf genannt werden kann, noch nie einer angestrengt, um sich dem Staatsdienst zu widmen und die Ämterlaufbahn zu durchlaufen. Hier sind die Mächtigen niemandem verhasst, weil es hier Mächtige nicht einmal gibt! Hahaha!"
Cäsar aber antwortete ihnen mit strengem Gesichtsausdruck: „Ich selbst wollte lieber an diesem Ort der erste Mann sein als in Rom der zweite!"

1. Für Cäsar war, wie du weißt, Alexander der Große ein Vorbild an Tapferkeit. Er bemühte sich stets, sich denselben Ruhm zu verschaffen wie jener. Sobald er erfahren hatte, dass die Helvetier, die von tapferer Gesinnung waren, ihr Gebiet verließen und eine andere Gegend aufsuchten, fasste er den Beschluss, Krieg zu führen: Denn er glaubte, dass sie sich in einer Gegend, die dem Gebiet des römischen Reiches sehr nah war, niederlassen wollten. Bevor die Helvetier sich dort niederließen, war es für Cäsar notwendig, sie daran zu hindern, dorthin zu kommen. Unverzüglich führte er Soldaten nach Gallien hinüber und verteidigte, wie er später sagte, das römische Reich vor den Helvetiern. Nachdem er dies getan hatte, beschloss er ganz Gallien einzunehmen. Viele Jahre lang führte er dort Krieg, bis er nach Rom meldete, dass er die Grenzen des Reiches erweitert habe.

2. Während bei den Befestigungen gekämpft wurde, sagte Pullo: „Was zögerst du, Vorenus? Dieser Tag wird über unsere Streitereien urteilen." Nachdem er dies gesagt hatte, rückte er außerhalb der Befestigungen vor, und wo der feindliche Abschnitt dichtgedrängt war, dorthin ging er. Da blieb auch Vorenus nicht im Lager; weil er die Vorwürfe der Übrigen fürchtete, ging er hinaus.
Inzwischen warf Pullo in der Nähe seinen Speer gegen die Feinde und verwundete einen aus deren großer Zahl. Diesen deckten die Feinde mit ihren Schilden, auf jenen war-

fen alle zusammen ihre Geschosse und hinderten ihn so daran vorwärtszugehen.
Vorenus unterstützte Pullo, obwohl er sein Feind war, und kam ihm, während er sich anstrengte, zu Hilfe. Plötzlich wandte sich die gesamte Menge von Pullo weg, hin zu diesem. Vorenus führte die Angelegenheit mit dem Schwert aus, und nachdem er einen Feind getötet hatte, vertrieb er die übrigen. Während er ihnen allzu heftig zusetzte, fiel Vorenus selbst zufällig hin. Da kam ihm Pullo zu Hilfe und beide zogen sich unversehrt mit höchstem Lob in die Befestigungen zurück.
So veranlasste sie das Schicksal im Kampf, dass der eine den anderen unterstützte und rettete.

3. **a) ire:** eo, ii, itum *gehen*, abire: abeo, abii, abitum *weggehen*, adire *herantreten (an), bitten*, exire *herausgehen*, inire *hineingehen, beginnen*, perire *umkommen, zugrundegehen*, praeterire *vorbeigehen, übergehen*, redire *zurückgehen, zurückkehren*, subire *auf sich nehmen, herangehen*, transire *überschreiten, durchqueren, hinübergehen*
b) stare: sto, steti *stehen*, instare: insto, institi *bevorstehen, hart zusetzen*, praestare *gewähren, leisten, zeigen*
c) agere: ago, egi (actum) *handeln, treiben, verhandeln*, cogere: cogo, coegi, coactum *(ver)sammeln, zwingen*
d) noscere: nosco, novi, notum *erkennen, kennenlernen*, cognoscere: cognosco, cognovi, cognotum *erkennen, kennenlernen*, ignoscere *verzeihen*
e) [prehendere: „ergreifen, nehmen"], comprehendere: comprehendo, comprehendi *ergreifen, festnehmen, begreifen*, reprehendere: reprehendo, reprehendi *kritisieren, schimpfen*
f) petere: peto, petivi (petitum) *(auf)suchen, (er)streben, bitten, verlangen*, appetere: appeto (appetivi, appetitum) *haben wollen, erstreben*, repetere: repeto, repetivi, repetitum *wiederholen, (zurück)verlangen*

1. **a) vocare:** voco, vocavi, vocatum *nennen, benennen, rufen*, convocare: convoco, convocavi, convocatum *versammeln*, revocare *zurückrufen*
b) vertere: verto, verti (versum) *drehen, wenden*, animadvertere: animadverto, animadverti, animadversum *bemerken*, animadvertere in *vorgehen gegen*, convertere *verändern, umwandeln, verwandeln*
c) ponere: pono, posui, positum *setzen, legen, stellen*, componere: compono (composui, compositum) *abfassen, ordnen*, deponere *niederlegen, ablegen*
d) aspicere: aspicio, aspexi (aspectum) *erblicken*, conspicere: conspicio, conspexi (conspectum) *erblicken*, perspicere: perspicio, perspexi, perspectum *durchschauen, erkennen, genau betrachten, sehen*, respicere *zurückblicken, berücksichtigen*
e) pugnare: pugno, pugnavi, pugnatum *kämpfen*, oppugnare *angreifen*
f) sinere: sino, sivi, situm *lassen, erlauben*, desinere *aufhören*

2. **a)** Menschen, die einen Mangel haben an Freunden, nennen wir unglücklich. – **b)** Wenn irgendjemand mehr hatte, als ihm nötig war, um ein glückliches Leben zu führen, wurde er von den Alten „Krösus" genannt. – **c)** Ein Mensch ohne Mitleid wird für grausam gehalten.

3. **a)** Wenn du mich unterstützt, werde ich mich freuen. Wenn du mich nicht unterstützt, werde ich unglücklich sein. – **b)** Wenn du nicht einige Freunde mit dir führst, werden wir nicht spielen können. – **c)** Manchmal überlege ich Folgendes: Ein Mensch hat, wenn er im Glück ist, viele Freunde. Wenn er aber im Unglück ist, sind die Freunde oft weg. – **d)** „Ich würde dich niemals verlassen, wenn du im Unglück wärst."

4.

	1	2	3
A	**deposuit**	providit	sivit
B	rexerant	**dederant**	navigaverant
C	**vidisses**	novisses	aluisses
D	pepercerunt	consederunt	**compleverunt**
E	**invenistis**	noluistis	pependistis
F	**occupavissemus**	coniunxissemus	comprehendissemus

Lösungen

1. **a) esse:** sum, fui *sein, sich befinden*, abesse: absum, afui *abwesend sein (von), fehlen*, adesse *da sein; helfen*, deesse *abwesend sein, fehlen*, praeesse *an der Spitze stehen, leiten*, interest *es ist ein Unterschied*
   b) fugere: fugio, fugi *fliehen, meiden*, effugere: effugio, effugi *entfliehen, entkommen*
   c) tendere: tendo, tetendi, tentum *spannen, (aus)strecken, sich anstrengen*, contendere: contendo, contendi *behaupten; kämpfen, sich anstrengen; eilen*, ostendere *zeigen, erklären*
   d) ducere: duco, duxi (ductum) *führen, ziehen*, abducere: abduco, abduxi (abductum) *wegführen*, adducere *heranführen, veranlassen*, conducere *zusammenführen, anwerben, mieten*, educere *herausführen*, traducere *hinüberführen (über)*

2.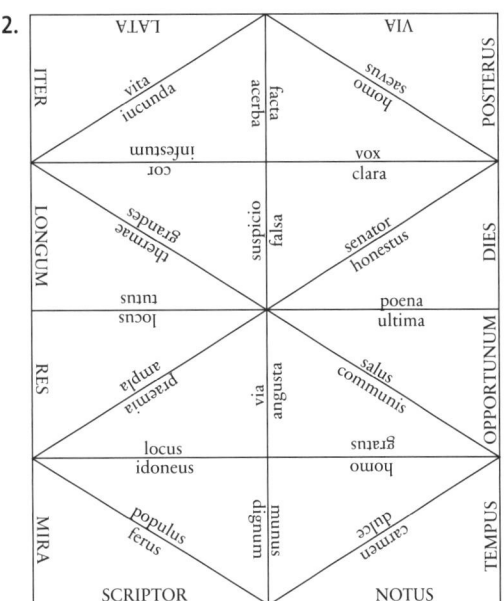

---

1. audit – **audiat** / monetis – **moneatis** / vocant – **vocent** / capis – **capias** / possumus – **possimus** / volunt – **velint** / sum – **sim** / agimus – **agamus** / terret – **terreat** / potest – **possit** / sunt – **sint** / non vis – **nolis** / abeo – **abeam** / adducis – **adducas** / abimus – **abeamus** / nolo – **nolim** / mavult – **malit** / venis – **venias** / transeunt – **transeant** / sumus – **simus** / potestis – **possitis** / pergimus – **pergamus** / malunt – **malint** / teneo – **teneam**

2. Opto, ut … **a)** labores. • **b)** paulum agites. • **c)** mihi adsis. • **d)** tandem taceas. • **e)** rideas et gaudeas. • **f)** librum legas. • **g)** dona dividas. • **h)** clamare desistatis. • **i)** voces audias.

3. Nonnulli liberi multa perficiunt, … **a)** cum domi diu laborent. / weil sie zu Hause lange arbeiten. • **b)** cum officia praestent. / weil sie ihre Pflichten erfüllen. • **c)** cum libros varios legant. / weil sie verschiedene Bücher lesen. • **d)** cum libenter discant. / weil sie gerne lernen. • **e)** cum verba memoria teneant. / weil sie die Wörter im Gedächtnis behalten.

4. Damokles wünscht, dass er das gleiche Leben führt wie Dionysius. Deshalb gibt Dionysius seinen Sklaven den Auftrag, Damokles in das große Haus zu holen. Dann befiehlt er, dass ein goldenes Bett aufgestellt wird und sehr gute Speisen auf die Tische gelegt werden, die mit Gold und Silber geschmückt sind. Als Damokles im goldenen Bett liegt, hält er sich für glücklich. Nur dieses wünscht er, dass es nie ein Ende dieses Lebens gibt. Plötzlich aber sieht er ein scharfes Schwert, das über seinem Kopf hängt. Jetzt fürchtet er, dass das Schwert auf seinen Kopf fällt. Schließlich bittet er den Tyrannen, dass es ihm erlaubt sei nach Hause zurückzukehren. (… dass er nach Hause zurückkehren dürfe.) Und tatsächlich erlaubt ihm Dionysius wegzugehen.

---

1. Tiberius civibus imperat, … • **a)** ut officia praestent. • **b)** ut virtutes colant. • **c)** ut rem publicam servent. • **d)** ut spem in pace ponant.

2. **a)** facere (2. Pers. Pl.): Quid facitis? ⇨ Nescio, quid faciatis. / Quid fecistis? ⇨ Nescio, quid feceritis. ✱ **b)** agere (2. Pers. Sg.): Quid agis? ⇨ Nescio, quid agas. / Quid egisti? ⇨ Nescio, quid egeris. ✱ **c)** dicere (3. Pers. Pl.): Quid dicunt? ⇨ Nescio, quid dicant. / Quid dixerunt? ⇨ Nescio, quid dixerint. ✱ **d)** cogitare (2. Pers. Sg.): Quid cogitas? ⇨ Nescio, quid cogites. / Quid cogitavisti? ⇨ Nescio, quid cogitaveris. ✱ **e)** currere (2. Pers. Pl.): Quo curritis? ⇨ Nescio, quo curratis. / Quo cucurristis? ⇨ Nescio, quo cucurreritis. ✱ **f)** ire (2. Pers. Pl.): Quo itis? ⇨ Nescio, quo eatis. / Quo istis? ⇨ Nescio, quo ieritis. ✱ **g)** flere (3. Pers. Sg.): Cur flet? ⇨ Nescio, cur fleat. / Cur flevit? ⇨ Nescio, cur fleverit.

3. Die Familie eines tüchtigen Kaufmanns – das heißt: die Eltern mit zwei Kindern – ist vor kurzem in die Stadt Rom gekommen.
Die Tochter Tullia sagt°: „Was verbergen (schützen) diese Mauern und diese Steine? Sind es etwa die Mauern eines Gebäudes?"
Der Vater Gnäus antwortet°: „Oh Götter! Dies ist kein einfaches Gebäude, sondern der Friedensaltar, der von Augustus erbaut worden war."
Julia: „Was? Hat etwa Augustus selbst diesen Friedensaltar erbaut? Sag mir, wann Augustus diesen Altar erbaut hat!"
Der Vater sagt lachend: „Was denkst du? Augustus hat freilich den römischen Gehilfen und Arbeitern – ihre Namen kenne ich nicht – befohlen, dass sie an diesem Platz den Friedensaltar bauen und ihn mit schönen Bildern schmücken. Alle Bürger wissen, dass das Talent der Arbeiter höchsten Lobes würdig ist. Deshalb wünschen alle Bürger, dass diesen Arbeitern immer höchster Dank gesagt wird. Nicht einmal der Altar des Jupiter auf dem Kapitol ist so großartig."
Die Tochter Tullia sagt°: „Ich freilich erkenne nicht und begreife auch nicht, was diese Bilder zeigen."
Gnäus: „Diese Frau, die in der Mitte des Bildes sitzt, ist die Göttin Tellus. An ihrer Brust siehst du zwei Säuglinge. Diese zeigen das Zeitalter des Friedens an. Durch Augustus Cäsar haben wir nämlich den ewigen Frieden wiederhergestellt."

52

1.

	Singular	Singular	Singular
Nom.	iste homo	ista urbs	istud oppidum
Gen.	istius hominis	istius urbis	istius oppidi
Dat.	isti homini	isti urbi	isti oppido
Akk.	istum hominem	istam urbem	istud oppidum
Abl.	cum isto homine	in ista urbe	in isto oppido

	Plural	Plural	Plural
Nom.	isti homines	istae urbes	ista oppida
Gen.	istorum hominum	istarum urbium	istorum oppidorum
Dat.	istis hominibus	istis urbibus	istis oppidis
Akk.	istos homines	istas urbes	ista oppida
Abl.	cum istis hominibus	in istis urbibus	in istis oppidis

2. a) istud ingenium ▸ dieses Talent **b)** ista ratione ▸ mit dieser Überlegung **c)** istis tabulis ▸ mit diesen Aufzeichnungen **d)** istius imaginis ▸ dieses Bildes **e)** istorum victorum ▸ dieser Sieger **f)** isti dignitati ▸ diesem Ansehen **g)** ista fiducia ▸ mit diesem Vertrauen **h)** istam potestatem ▸ diese Macht **i)** istae leges ▸ diese Gesetze **j)** istam iustitiam ▸ diese Gerechtigkeit **k)** ista libertate ▸ durch diese Freiheit **l)** istorum maiorum ▸ dieser Vorfahren

3. a) Wer von euch weiß, von wem die Geschichte der Etrusker in zwanzig Büchern beschrieben wurde? Welche Schriftsteller haben die Geschichte der Etrusker in zwanzig Büchern beschrieben? Wurde die Geschichte der Etrusker etwa nicht in zwanzig Büchern von Kaiser Claudius aufgeschrieben? ✳ **b)** Der Lehrer fragt euch, wer einen Krieg gegen die Britannen geführt hat. Welcher Feldherr hat einen Krieg gegen die Britannen beschlossen? Hat Kaiser Claudius einen Krieg gegen die Britannen beschlossen? ✳ **c)** Weißt du, wessen Sohn nach dem Namen der Insel Britannien Britannicus benannt wurde? Hat Tiberius oder Claudius seinen Sohn Britannicus genannt? Hat etwa Claudius nicht seinen Sohn nach dem Namen der Insel Britannien Britannicus genannt?

53

1. a) acriter • **b)** breviter • **c)** pulchre • **d)** probe • **e)** celeriter • **f)** vehementer • **g)** feliciter • **h)** ingenter • **i)** fortiter • **j)** misere • **k)** graviter • **l)** similiter • **m)** simpliciter • **n)** iuste

2. a) Gaius dignitatem nautarum <u>vehementer</u> laesit. / Gajus hat die Würde der Seemänner heftig verletzt. • **b)** Nimis <u>superbe</u> ii facta Caesaris laudaverunt. / Diese lobten die Taten Cäsars allzu überheblich. • **c)** Magister navis nautas Graecos <u>fortiter</u> defendit. / Der Kapitän verteidigte die griechischen Seemänner tapfer. • **d)** Illi viri superbi in cruce <u>misere</u> perierunt. / Jene stolzen Männer kamen am Kreuz erbärmlich um. • **e)** Cur nobis eorum mortem tristem tam <u>dure</u> ante oculos ponis? / Warum stellst du uns ihren traurigen Tod so hart vor Augen?

3. a) Depone spem! – Noli spem deponere! – Ne spem deposueris! – Lege die Hoffnung nicht ab! **b)** Relinque urbem! – Noli urbem relinquere! – Ne urbem reliqueris! – Verlasse die Stadt nicht! • **c)** Rapite praedam! – Nolite praedam rapere! – Ne praedam rapueritis! – Raubt die Beute nicht! • **d)** Auge potestatem tuam! – Noli potestatem tuam augere! – Ne potestatem tuam auxeris! – Vergrößere deine Macht nicht! • **e)** Audite ea verba! – Nolite ea verba audire! – Ne ea verba audiveritis! – Hört diese Worte nicht!

4. Nero pflegte schon als Junge gerne die Musik. Nachdem er die Herrschaft erhalten hatte, rief er den Sänger Terpnus herbei, den nicht nur die Mädchen und jungen Männer, sondern auch alle Bürger s e h r liebten, und hörte gewissenhaft (aufmerksam) an vielen Tagen nach dem Essen dessen Lieder.
Wenig später begann Nero selbst energisch Gesang zu üben und bemühte sich, seine Stimme zu verbessern (verstärken, vergrößern). Nero handelte gut und erfolgreich; schließlich wünschte er, seine Kunst(fertigkeit) in der Öffentlichkeit zu zeigen. Unter den Freunden behauptete er immer energisch (mit Nachdruck), dass keine Kunst höher geschätzt werden dürfe als der Gesang.

W11

1.

	Genitivus subiectivus	Genitivus obiectivus
a) odium amicae	der Hass der Freundin	der Hass auf die Freundin
b) latus navis	die Seite des Schiffes	
c) amor parentum	die Liebe der Eltern	die Liebe zu den Eltern
d) periculum belli	die Gefahr eines Krieges	
e) timor hostium	die Angst der Feinde	die Angst vor den Feinden
f) diligentia senis	die Umsicht des alten Mannes	
g) virtus militis	die Tapferkeit des Soldaten	
h) metus mortis		die Angst vor dem Tod

2. a) Die Kinder bitten ihre Eltern, dass sie im Wirtshaus ihre Kräfte erfrischen dürfen. • **b)** Sie wünschen, dass (es ihnen erlaubt ist, zum Wirtshaus hinzugehen.) ... sie zum W. hingehen dürfen. • **c)** Sie verlangen von den Eltern, dass sie nicht alle Gebäude in Pästum betrachten (besichtigen) müssen. • **d)** Aber die Mutter ermahnt die Kinder, zum Hafen zurückzukehren. • **e)** Denn sie fürchtet, dass das Schiff den Hafen bald verlässt.

3. a) Fabri probi <u>dure</u> laborabant. / Die tüchtigen Handwerker arbeiteten hart. • **b)** Puellae laetae <u>libenter</u> in silva ludunt. / Die fröhlichen Mädchen spielen gerne im Wald. • **c)** Nonnulli viri <u>publice</u> tabulas novas et aedificia pulchra laudaverunt. / Einige Männer lobten öffentlich die neuen Gemälde und die schönen Gebäude. • **d)** Quis omnia officia <u>bene</u> et <u>recte</u> praestat? / Wer leistet alle Pflichten gut und richtig? • **e)** Magistratus hanc magnam rem publicam <u>iuste</u> regebant. / Die Beamten leiteten diesen großen Staat gerecht. • **f)** Constat multos servos non <u>feliciter</u> vixisse. / Es steht fest, dass viele Sklaven nicht glücklich lebten. • **g)** Isti servi miseri <u>occulte</u> effugere voluerunt. / Diese unglücklichen Sklaven wollten heimlich fliehen. • **h)** Dominus severus <u>acriter</u> in istos servos animadvertit. / Der strenge Herr ging energisch gegen diese Sklaven vor.

54

1. a) circumveniens – circumventurus **b)** monens – moniturus **c)** gerens – gesturus **d)** ponens – positurus **e)** vocans – vocaturus **f)** audiens – auditurus **g)** incipiens – incepturus **h)** docens – docturus **i)** remittens – remissurus **j)** tegens – tecturus

2.

PPA	PFA	PPP
a) Caesar praeclara munera **perficiens**	a) comites Ulixis Polyphemum **decepturi**	a) multa beneficia populo Romano **data**
b) Polyphemus comites Ulixis **corripiens**	b) orator iuvenibus **persuasurus**	b) adulescentes verbis philosophi **commoti**
c) iuvenes corpora **exercentes**	c) faber onus grave **sublaturus**	c) saxa ante exitum **voluta**

■ **PPA a)** Cäsar, der großartige Aufgaben vollendet – **b)** Polyphem, der die Begleiter des Odysseus packt – **c)** die jungen Männer, die ihre Körper trainieren ■ **PFA a)** die Begleiter des Odysseus, die den Polyphem täuschen werden – **b)** der Redner, der die Jugendlichen überzeugen / überreden wird – **c)** der Arbeiter, der eine schwere Last aufheben wird ■ **PPP a)** viele Wohltaten, die dem römischen Volk geleistet (gegeben) worden waren – **b)** die Jugendlichen, die durch die Worte des Philosophen bewegt worden waren – **c)** die Steine, die vor den Ausgang gewälzt worden waren

3. Einmal hatte ein großartiger Philosoph die Fundamente eines kleinen Hauses gelegt. Bald darauf traten drei Freunde an ihn heran, um das Haus genau zu betrachten: Beim ersten Anblick freilich wurden die Freunde heftig beeindruckt (bewegt), weil die Fundamente so klein waren. Einer der Freunde fragte den Philosophen: „Lässt etwa ein so großer Mann ein so kleines Haus bauen? (Befiehlt etwa ein so großer Mann, dass ein so kleines Haus gebaut wird?)" Der Philosoph lachte und antwortete (… antwortete lachend): „Urteile über diese Angelegenheit nicht mit der Empfindung (dem Sinn) deiner Augen! Ein großes Haus, wie du weißt, werde ich niemals mit echten Freunden (an)füllen können. Deshalb werde ich, um das Haus mit echten Freunden zu füllen, ein kleines Haus° bauen."

55

1. **a)** Finalsatz ▸ Absicht / Konsekutivsatz ▸ Folge / Kausalsatz ▸ Grund / Konzessivsatz ▸ Einräumung / Temporalsatz ▸ Zeit / Konditionalsatz ▸ Bedingung
b) Finalsatz ▸ ut, ne / Konsekutivsatz ▸ ut, ut non / Kausalsatz ▸ quia, quod, cum / Konzessivsatz ▸ quamquam / Temporalsatz ▸ dum, cum, postquam, priusquam / Konditionalsatz ▸ si, nisi, sin (autem)

2.
	Futur			Part. Fut. mit esse
a)	ag	e	nt	acturi sunt
b)	ege	bi	t	
c)	audi	e	mus	audituri sumus
d)	aedifica	bi	tis	aedificaturi estis
e)	inveni	e	nt	inventuri sunt

3. **a)** Nachdem die Sklavin vor Gericht gerufen (angeklagt) worden war, wurde sie vom Prätor über viele Angelegenheiten befragt. • **b)** Wenn der Kaiser ein neues Amphitheater erbaut (erbauen lässt), wird er von den Bürgern gelobt. • **c)** Obwohl die Gäste zum Essen gerufen worden waren, kamen sie nicht. • **d)** Falls jener Konsul eine Rede hält, wird er die Freiheit des Staates mit weisen Worten verteidigen. • **e)** Einige Beamte werden in die Provinz geschickt, um Recht zu sprechen.

4. Kürzlich eilten die Menschen aus einem Theater, aber Diogenes wollte hineingehen. Jene fragten ihn wutentbrannt: „Warum machst du das? Warum willst du immer auf entgegengesetzten Wegen gehen?" Aber Diogenes, der durch diesen Vorwurf nicht beeindruckt (bewegt) wurde, antwortete: „Ich hoffe, dass ich, solange ich lebe, immer so leben werde."

56

1. **a)** vincens: vincere – vinco • **b)** comprehensum: comprehendere – comprehendo • **c)** consulti: consulere – consulo • **d)** confecto: conficere – conficio • **e)** invasuri: invadere – invado • **f)** corrupta: corrumpere – corrumpo • **g)** adiecturae: adicere – adicio

2.
	Abl. abs. mit PPA	Abl. abs. mit PPP	Sinnrichtung
		consilio habito	temporal
	viris certantibus		temporal
	iuvenibus exercentibus		temporal
	(iuvenibus) parantibus		temporal
		certamine confecto	temporal
		victoriis partis	kausal
	nullo custode resistente		modal
		adversariis victis	temporal (kausal)

3. **a)** Als Alexander starb, waren viele Soldaten anwesend. • **b)** Als die Freunde herbeikamen, schickte der König die Soldaten weg. • **c)** Nachdem die Soldaten weggeschickt worden waren, befahl Alexander den Freunden näher heranzutreten. • **d)** Nachdem der Ring Perdicca übergeben worden war, befahl Alexander, dass er in Ägypten bestattet werde. • **e)** Nachdem diese Worte gesprochen worden waren (auf diese Worte hin), fragten die Freunde Alexander, wem er die Königsherrschaft hinterlasse. • **f)** Alexander antwortete seinen Freunden (Dativ!) auf diese Frage: „Demjenigen, welcher der Beste ist." • **g)** Nachdem diese Worte gehört worden waren, starb er.

1. a) **PPA** pater filios excitans – **PFA** pater filios excitaturus – **PPP** filii a patre excitati – **Abl. abs.** filiis a patre excitatis.
   b) **PPA** sacerdos deum colens – **PFA** sacerdos deum culturus – **PPP** deus a sacerdote cultus – **Abl. abs.** deo a sacerdote culto.
   c) **PPA** philosophi timorem expellentes – **PFA** philosophi timorem expulsuri – **PPP** timor a philosophis expulsus – **Abl. abs.** timore a philosophis expulso.
   d) **PPA** consules rem publicam gerentes – **PFA** consules rem publicam gesturi – **PPP** res publica a consulibus gesta – **Abl. abs.** re publica a consulibus gesta.

2. falsch: **a)** Ödipus <u>wurde</u> vom Orakel gezwungen, in die Heimat <u>zurückzukehren</u> und seine Mutter <u>zu suchen</u>. / richtig: **b)** / falsch: **c)** Ödipus kehrte er in die Heimat zurück und fand seine Mutter, <u>obwohl</u> er vom Orakel <u>gewarnt</u> worden war. / falsch: **d)** Der Feldherr führte <u>im Winter</u> das Heer <u>über die hohen Berge</u> nach Gallien. (superatis PPP fehlt) / richtig: **e)** / falsch: **f)** Nachdem <u>der Feldherr</u> im Winter mit <u>seinem Heer</u> das hohe Gebirge bezwungen hatte, führte <u>er es</u> nach Gallien.

3. **a)** Der Junge konnte nicht (zu Fuß) gehen, sondern lag draußen unter den Bäumen des Waldes und weinte mit lauter Stimme, weil er von Schmerzen gequält wurde. ✱ **b)** Nachdem diese Stimme lange gehört worden war, kam ein Hirte des Polybos, des Königs von Korinth, zum Wald (hin) und fand den Jungen, der im Schatten eines hohen Baumes lag. ✱ **c)** Als der Hirte den Jungen gefunden hatte, befreite er ihn von den Fesseln und trug ihn zum König. ✱ **d)** Nachdem der König den Jungen und seine Wunden gesehen hatte, kritisierte er auf der Stelle seine unbekannten Eltern: „Wer", sagte er, „ist so grausam (von so großer Grausamkeit), dass er einen armen Jungen so sehr quält und ihn° den wilden Tieren als Beute gibt?" ✱ **e)** Hierauf zog Polybos, weil er von Mitleid gerührt (bewegt) war, den unbekannten Jungen zusammen° mit seiner Ehefrau Meropa wie seinen eigenen° Sohn groß; dem König und der Königin selbst waren nämlich von den Göttern keine Kinder gegeben worden. Der Junge wurde „Ödipus" genannt. ✱ **f)** Polybos aber bat den Hirten, nicht über diese Sache zu sprechen.

---

1. **a)** sole occidente – bei Sonnenuntergang • **b)** hieme ineunte – bei Winterbeginn • **c)** Alexandro vivo – zu Lebzeiten Alexanders • **d)** me invito – gegen meinen Willen • **e)** te iuvante – mit deiner Hilfe • **f)** vobis comitibus – in eurer Begleitung • **g)** matre absente – in Abwesenheit der Mutter • **h)** nullo resistente – ohne jeglichen Widerstand

2. **a)** Die Menschen, die durch unbekannte Gegenden irrten, gründeten auf Befehl ihres Führers eine Siedlung. • **b)** Bei Tagesanbruch (Sonnenaufgang) kommen alle Männer zusammen. • **c)** Auf Veranlassung eines Priesters erbitten sie von den Göttern Hilfe. • **d)** Während die Götter zuhören, versprechen sie, dass sie die Sitten (Bräuche, Gewohnheiten) der Vorfahren erhalten (bewahren) werden. • **e)** Gegen den Willen der Beamten kann niemand die Heimat verlassen. • **f)** Sie besteigen die Schiffe und berühren ein neues Land, nachdem wenige Gefahren überwunden worden waren.

3. **a)** puero currente – **b)** orationibus habitis – **c)** certaminibus commissis – **d)** liberis legentibus – **e)** fabris laborantibus
   a*) puero ad forum currente – während der Junge zum Forum eilt – **b*)** orationibus in curia habitis – als die Reden in der Kurie gehalten worden waren – **c*)** certaminibus aestate commissis – nachdem die Spiele im Sommer veranstaltet worden waren – **d*)** liberis fabulas legentibus – während die Kinder Geschichten lesen – **e*)** fabris in templo laborantibus – während / weil die Handwerker im Tempel arbeiten

---

1. **a)** pellens – pulsurus **b)** sumens – sumpturus **c)** faciens – facturus **d)** vincens – victurus **e)** volvens – voluturus **f)** frangens – fracturus **g)** corripiens – correpturus **h)** sperans – speraturus **i)** deligens – delecturus **j)** colligens – collecturus

2. **a)** Constat homines semper caelum solemque spectaturos esse. / Es steht fest, dass die Menschen immer den Himmel und die Sonne betrachten werden. • **b)** Constat homines naturam solis vix cognovisse. / Es steht fest, dass die Menschen die Beschaffenheit der Sonne kaum erkannt haben. • **c)** Constat homines legibus naturae raro paruisse. / Es steht fest, dass die Menschen den Gesetzen der Natur selten gehorcht haben. • **d)** Constat opes et copias, quas terra condit, hominibus mox de-

futuras esse (defore). / Es steht fest, dass der Reichtum und die Vorräte, die die Erde verbirgt, den Menschen bald fehlen werden.

3. a) *(temporal/kausal)* Als / Weil Tarquinius grausam regierte, versetzte er die Bürger in Schrecken (erschreckte er ...). • b) *(kausal)* Die Römer vertrieben den Tarquinius, weil er grausam regierte. • c) *(temporal)* Nachdem Tarquinius aus der Herrschaft vertrieben worden war, verließ er Rom. • d) *(final)* Die Römer wählten zwei Konsuln, um die Freiheit wieder zu erlangen. • e) *(modal)* Sie dachten: Dadurch dass jene für alle Bürger sorgen, werden sie die Freiheit bewahren. • f) *(konzessiv)* Obwohl die Römer gewissenhaft für den Staat sorgten, verloren sie dennoch später die Freiheit.

59

1. a) videam: Konj. Präs. * b) ostendam: Konj. Präs. od. Ind. Fut. I * c) maneam: Konj. Präs. * d) monet: Ind. Präs. * e) nunties: Konj. Präs. * f) viderem: Konj. Impf. * g) pellam: Konj. Präs. od. Ind. Fut. I * h) perspiciamus: Konj. Präs. * i) cupiverit: Konj. Perf. od. Ind. Fut. II * j) capiam: Konj. Präs. od. Ind. Fut. I * k) agant: Konj. Präs. * l) docuerint: Konj. Perf. od. Ind. Fut. II

2. Ab – Bc – Cd – Da

3. a) du gehorchst • b) du mögest gehorchen • c) sie wird zur Welt bringen • d) er (sie, es) hat errungen • e) sie sollen erworben werden • f) er (sie, es) soll sparen • g) er (sie, es) hat geführt • h) er (sie, es) benötigt • i) er (sie, es) soll zurückkehren • j) er (sie, es) soll zurückgeben • k) er (sie, es) kehrt zurück • l) er (sie, es) leitet • m) er (sie, es) hat auf sich genommen • n) er (sie, es) nimmt • o) er (sie, es) möge berühren • p) er (sie, es) hält • q) sie beschützt • r) er (sie, es) wird ausstrecken

4. Claudius und Felix zögern nie, den Zorn des Lehrers zu erregen. Claudius sagt°: „Lass uns das Fahrrad des Lehrers verstecken. Der Lehrer soll zu Fuß gehen!" Felix antwortet°: „Aber wo werden wir das Fahrrad abstellen? Lass es uns hinter den Bäumen abstellen!" Claudius lacht und° sagt°: „In der Schule selbst wird er das Fahrrad nicht suchen. Aber sage nichts!"

60

1. a) vinci (Z. 14) • b) periturus es (Z. 3) • c) fugientium (Z. 21) • d) confirmatus (Z. 7) • e) bello confecto (Z. 22/23) • f) hoc die (Z. 15) • g) Romae (Z. 13) • h) Quo (Z. 9)

2. a) König Ptolemäus hatte beschlossen, in der Stadt Alexandria eine Bibliothek zu gründen. Als diese fertiggestellt worden war, veranstaltete der König einen Wettstreit, um den besten Dichter zu finden. Als der Zeitpunkt für den Wettstreit da war, mussten gebildete (Kampf-)Richter ausgewählt werden, damit sie die Gedichte prüften. • Nachdem schon sechs Kampfrichter ausgewählt worden waren und da ein geeigneter siebter (Kampf-)Richter nicht gefunden worden war, fragte der König diejenigen, die die Bibliohek leiteten: „Wer von euch kennt einen geeigneten (Kampf-)Richter?" Darauf sagten sie ihm, dass Aristophanes sicherlich geeignet sei, weil er mit größtem Interesse sehr viele Bücher gelesen habe und immer° noch lese. Deshalb wurde bei Beginn des Wettstreits auch Aristophanes herbeigeholt. Jeder (Kampf-)Richter setzte sich auf den für ihn reservierten (vorbereiteten) Sitzplatz. • Nachdem die Gedichte der Dichter vorgelesen worden waren, verlangte der König von den (Kampf-)Richtern, die Sieger zu benennen. Deshalb fragte er jeden einzelnen (Kampf-)Richter, was sie meinten. Obwohl schon sechs Richter die gleiche Meinung geäußert (gesagt) hatten, sagte Aristophanes ohne zu zögern: „Den ersten Preis soll gewiss nicht derjenige erhalten, der der Menge am meisten gefallen hatte, sondern am wenigsten." • Als sich alle mit lautem Geschrei widersetzten, erhob sich Aristophanes und, nachdem Ruhe hergestellt worden war, unterrichtete er die übrigen (Kampf-)Richter davon°, dass nur° einer von diesen Dichtern sein eigenes Gedicht gelesen habe, während die übrigen fremde Gedichte° vorgelesen hätten. • Als das Publikum schwieg und der König zögerte, ließ er aus der Bibliothek einige Bücher holen; dann zwang er die Dichter, indem er diese Bücher mit den vorgelesenen Gedichten verglich, zu bekräftigen, dass sie die (Kampf-)Richter getäuscht hatten. Nachdem jene weggeschickt worden waren, stattete (schmückte) der König den Aristophanes mit bedeutenden Geschenken aus und bat ihn, die Bibliothek zu leiten.

b) *temporal:* Cum tempus ... adesset / *final:* ut carmina probarent / *kausal:* cum legisset ... et adhuc legeret / *konzessiv:* Cum iam sex iudices ... dixissent / *adversativ:* cum ceteri ... recitavissent

c) Hac perfecta: *temporal* / inventurus: *final* / Sex iudicibus iam delectis: *temporal* / neque septimo iudice idoneo invento: *kausal* / Carminibus poetarum recitatis: *temporal* / Aristophanes non dubitans: *modal* / Omnibus magno clamore resistentibus: *temporal (kausal)* / Populo tacente: *temporal* / rege dubitante: *temporal* / comparans: *modal* / Illis dimissis: *temporal*

1. **Non intellego, …** a) cur ad forum veniant. – a*) cur ad forum venerint. – b) quando id officium perficiat. – b*) quando id officium perfecerit. – c) num id officium praestet. – c*) num id officium neglexerit. – d) utrum iuvenes ad rem publicam accedant an in otio vitam iucundam agant. – d*) utrum iuvenes summo cum studio laboraverint an negotia neglexerint.

   Quis scire voluit, … a) cur ad forum venirent. – a*) cur ad forum venissent. – b) quando id officium perficeret. – b*) quando id officium perfecisset. – c) num id officium praestaret. – c*) num id officium neglexisset. – d) utrum iuvenes ad rem publicam accederent an in otio vitam iucundam agerent. – d*) utrum iuvenes summo cum studio laboravissent an negotia neglexissent.

2. a) Alle wissen, was du getan hast. – b) Niemandem von uns entgeht, aus welchem Grund du nicht gekommen bist. – c) Niemand hat dich gefragt, was du machst. – d) Ich weiß genau, wohin du gelaufen bist. – e) Niemand will wissen, ob du zufrieden bist.

3. ■ falsch: a) Die Ehefrau fragte ihren Ehemann Chlodovicus, ob er bereit <u>gewesen wäre</u>, Gott zu folgen. ■ richtig: b) ■ falsch: c) Die Ehefrau fragte ihren Ehemann Chlodovicus, ob er bereit <u>sein wird</u>, Gott zu folgen. ■ falsch: d) Der Feldherr wollte <u>erfahren</u>, ob bei seinen Soldaten das Pflichtgefühl oder die Angst <u>der</u> Strafe stärker sei. ■ richtig: e) ■ falsch: f) Der Feldherr wollte <u>feststellen, dass</u> bei seinen Soldaten das Pflichtgefühl oder die Angst vor der Strafe mehr Einfluss <u>gehabt hatte</u>.

1.

	a) suscipio et fero
Impf.	suscipiebam et ferebam
Fut. I	suscipiam et feram
Perf.	suscepi et tuli
Plusqpf.	susceperam et tuleram
Fut. II	suscepero et tulero

	b) alii abducunt, alii afferunt
Impf.	abducebant, afferebant
Fut. I	abducent, afferent
Perf.	abduxerunt, attulerunt
Plusqpf.	abduxerant, attulerant
Fut. II	abduxerint, attulerint

2. a) fers ➡ tulisti b) feram ➡ tulerim bzw. tulero c) ferebas ➡ tuleras d) ferret ➡ tulisset e) feremus ➡ tulerimus f) ferre ➡ tulisse g) fertur ➡ latum est h) ferebantur ➡ lati erant

3. a) fert ➡ fertur b) ferrent ➡ ferrentur c) ferre ➡ ferri d) ferebant ➡ ferebantur e) tulit ➡ latus est f) ferant ➡ ferantur g) tulerant ➡ lati erant h) tulisset ➡ latum esset

4. a) Ne nuntium amico pertuleris! Überbringe die Nachricht nicht dem Freund! • b) Ne labores in proximum diem distuleris! Verschiebe die Arbeiten nicht auf den nächsten Tag! • c) Ne parentibus terrorem intuleris! Jage (Füge) deinen Eltern keinen Schrecken ein (zu)! • d) Ne vim amicis attuleris! Tue deinen Freunden keine Gewalt an!

5. a) vulneribus illatis: nachdem (als) die Verletzungen zugefügt worden waren • b) nimio clamore sublato: nachdem ein zu großes Geschrei erhoben worden war • c) nuntio … relato: nachdem die Nachricht dem Feldherrn gebracht worden war • d) epistula allata: nachdem der Brief herbeigebracht worden war • e) tempore dilato: nachdem der Zeitpunkt (die Zeit) aufgeschoben worden war

1. a) audire: audiendi – ad audiendum – audiendo • b) afferre: afferendi – ad afferendum – afferendo • c) mittere: mittendi – ad mittendum – mittendo • d) cupere: cupiendi – ad cupiendum – cupiendo • e) habere: habendi – ad habendum – habendo

2. cogitandi – pugnando – (ad) legendum – narrando – dicendi – ferendo – (ad) agendum

3. a) dicendi *(Gerundium)* Die Kunst, gut zu reden, hat großen Einfluss. • b) tacendi *(Gerundium)* Jetzt kommt (ist gekommen) die Zeit zu schweigen. • c) confirmandae *(attribu-*

tives Gerundiv) Die führenden Männer fassten den Beschluss, die Freundschaft der Völker zu bekräftigen. • **d) cognoscendi** *(Gerundium)* et **conservandi** *(Gerundium)* Seid ihr etwa nicht daran interessiert (danach begierig), die Sitten der Vorfahren kennenzulernen und zu bewahren? • **e) ad regendas** *(attributives Gerundiv)* Nur° wenige sind bereit, Staaten zu regieren. • **f) discendis** *(attributives Gerundiv)* Lasst uns das Gedächtnis durch das Lernen von Sprachen trainieren!

4. **a)** iuvando • **b)** educendi • **c)** ad portandum

1. **a)** Augustus führte ein Heer, um den Staat zu befreien. • **b)** Er besiegte die Feinde in einer Schlacht, weil sie den römischen Staat angriffen. • **c)** Er nahm die Befehlsgewalt, die ihm übertragen worden war, zuerst nicht an. • **d)** Als Sieger schonte er viele Feinde, obwohl sie nicht um Verzeihung baten. • **e)** Einem gewissenlosen Menschen glaubte (vertraute) er nicht einmal, wenn er die Wahrheit (Wahres) sagte.

2.
	a) tollit et legit
Impf.	tollebat et legebat
Fut. I	tollet et leget
Perf.	sustulit et legit
Plusqpf.	sustulerat et legerat
Fut. II	sustulerit et legerit

	b) alius refert, alius accipit
Impf.	referebat, accipiebat
Fut. I	referet, accipiet
Perf.	rettulit, accepit
Plusqpf.	rettulerat, acceperat
Fut. II	rettulerit, acceperit

3. **a)** (per)feret: Niemand wird Hunger und Hitze lange ertragen. • **b)** tuli: Ich trug Lasten. • **c)** relatum est: Der Brand wurde von Sklaven gemeldet (berichtet). • **d)** (per)fert: Wer erträgt Not gerne? • **e)** attulerunt / rettulerunt: Sie meldeten (brachten, berichteten) dem Herren schlechte Nachrichten.

4. ■ **dividatur** *(Jussiv)* – Das ganze Volk soll in zwei Teile geteilt werden. ■ **dividamus** *(Hortativ)* – Lasst uns das ganze Volk in zwei Teile teilen! ■ **maneant** *(Jussiv)*, **relinquant** *(Jussiv)*. – Die einen Bürger sollen zu Hause bleiben, die anderen sollen die Heimat verlassen. ■ **manete** *(Imperativ)*, **relinquite** *(Imperativ)* – Ihr bleibt zu Hause und ihr verlasst die Heimat! ■ **cessaveritis** *(Prohibitiv)* – Zögert nicht allzu sehr! ■ **aedificemus** *(Hortativ)*, **paremus** *(Hortativ)* – **Tyrrhenus:** Lasst uns Schiffe bauen und lasst uns die zum Leben notwendigen Sachen vorbereiten! ■ **navigemus** *(Hortativ)*, **quaeramus** *(Hortativ)* – Lasst uns dann über das hohe Meer segeln! Lasst uns neue Wohnsitze suchen! ■ **perveniamus** *(Optativ)* – Hoffentlich kommen wir bald nach Italien!

1. **a)** onus facile: facilius – facillimum • **b)** munera difficilia: difficiliora – difficillima • **c)** avem celerem: celeriorem – celerrimam • **d)** carmen pulchrum: pulchrius – pulcherrimum • **e)** canes acres: acriores – acerrimi/acerrimos • **f)** in mari aspero: asperiore – asperrimo • **g)** animalis similis: similioris – simillimi

2.
	Positiv	Komparativ	Superlativ
a) regem	divitem	divitiorem	divitissimum
b) itinera	brevia	breviora	brevissima
c) animali	ignoto	ignotiori/ignotiore	ignotissimo
d) arborem	altam	altiorem	altissimam
e) maris	vasti	vastioris	vastissimi

3. Quid est iucundius – Was ist angenehmer ... • **a)** pace perpetua: als dauerhafter Frieden? • **b)** salute constantissima: als sehr beständige Gesundheit? • **c)** amicitiis firmissimis: als sehr feste Freundschaften?

4. **a)** Nonnulli pueri celeriores sunt puellis. Multae puellae tam celeres sunt quam pueri. Quis nostrum celerrimus est? • **b)** Nonnullae puellae fortiores sunt pueris. Multi pueri tam fortes sunt quam puellae. Quis nostrum fortissima est? • **c)** Nonnullae puellae pulchriores sunt pueris. Multi pueri tam pulchri sunt quam puellae. Quis nostrum pulcherrima est? • **d)** Nonnulli pueri superbiores sunt puellis. Multae puellae tam superbae sunt quam pueri. Quis nostrum superbissimus aut superbissima est? NEMO!

1.

	Positiv	Komparativ	Superlativ
a) sententia	sapienti	sapientiore	sapientissima
b) cursus (!)	celeres	celeriores	celerrimi/-os
c) hominem	bonum	meliorem	optimum
d) rebus	malis	peioribus	pessimis
e) cibi	acris	acrioris	acerrimi
f) populo (!)	parvo	minori/minore	minimo
g) itinere	facili	faciliore	facillimo

2. Germani sua bona pulchrioribus rebus, quas bello ceperant, mutare volebant. Equos quidem mutare nolebant, quamquam sui equi minores erant equis Romanorum. Ad proelia enim non maximos equos, sed celerrimos deligebant. Nihil apud eos turpius ducebatur quam usus ephippiorum. ✱ Die Germanen wollten ihre eigenen Güter durch schönere Sachen, die sie im Krieg erobert hatten, austauschen. Die Pferde freilich wollten sie nicht tauschen, obwohl ihre eigenen Pferde kleiner waren als die Pferde der Römer. Zu den Schlachten wählten sie nämlich nicht die größten Pferde aus, sondern die schnellsten. Nichts wurde bei ihnen für schändlicher gehalten als der Gebrauch von Sätteln.

3. a) peius – pessime **b)** melius – optime **c)** facilius – facillime **d)** rectius – rectissime **e)** acrius – acerrime **f)** sapientius – sapientissime **g)** felicius – felicissime **h)** iustius – iustissime **i)** miserius – miserrime **j)** saevius – saevissime

4. a) Ein erfahrener Schriftsteller wählt die Worte (bene) gut aus, schreibt sein Werk (diligentius) recht sorgfältig und vollendet sein Buch (sapientissime) sehr weise. • **b)** Ein trügerischer (falscher) Händler kauft (cupide) begierig Schmuckstücke von geringem Wert, sammelt sie (cupidius) begieriger und verkauft sie reichen Herren (cupidissime) sehr begierig. • **c)** Der Philosoph hatte den Reichtum (sapienter) weise vernachlässigt. • **d)** Dieser junge Mann singt (bene) gut, diese Dame aber singt (melius) besser, dieser alte Mann freilich singt (optime) am besten.

1.

	Genitiv Singular	Akkusativ Singular	Ablativ Singular
a)	cuiusdam vulgi	quoddam vulgus	quodam vulgo
b)	illius facultatis	illam facultatem	illa facultate
c)	nullius voluntatis	nullam voluntatem	nulla voluntate
d)	cuiusdam morbi	quendam morbum	quodam morbo
e)	huius adventus	hunc adventum	hoc adventu
f)	cuiusdam occasionis	quandam occasionem	quadam occasione

2. a) prodiderant: Manche Schriftsteller hatten die alte (antike) Literatur überliefert. • **b)** prospexerunt: Die Seemänner schauten über das weite (riesige) Meer. • **c)** consumpserunt: Manche Beamte haben ihre ganze Zeit auf öffentliche Pflichten verwendet. • **d)** commoti sumus: Wir wurden durch deine Zuverlässigkeit beeindruckt (bewegt). • **e)** successerunt: Junge Männer folgten alten Männern nach. • **f)** cognovissem: Ich hätte dich erkannt. • **g)** vicit: Ein gewisser junger Mann übertraf mich an Tapferkeit. • **h)** aperuerunt: Die Bürger deckten die Verschwörung auf.

3. a) Ne omiseritis *(Prohibitiv)* occasionem complures linguas discendi! – Lasst die Gelegenheit nicht aus, mehrere Sprachen zu lernen! • **b)** Omnes exercendo multa discant *(Jussiv)*! – Alle sollen durch Üben viel lernen! **c)** Quaeramus *(Hortativ)* diligenter loca ad ludendum idonea! – Lasst uns sorgfältig geeignete Orte zum Spielen suchen! • **d)** Utinam illa puella verba Latina diligenter disceret *(Optativ)*! – Hoffentlich lernt jenes Mädchen die lateinischen Wörter gewissenhaft! • **e)** Ne omiseris *(Prohibitiv)* studium libros bonos legendi! – Gib dein Interesse nicht auf, gute Bücher zu lesen! • **f)** Magister liberos arcessivit, qui libros bonos legerent *(Relativsatz mit finalem Nebensinn)*. – Der Lehrer rief Kinder herbei, die gute Bücher lesen sollten.

1. **a)** viri firmi: firmiores – firmissimi • **b)** labore constanti: constantiore – constantissimo • **c)** libris ignotis: ignotioribus – ignotissimis • **d)** actioni longae: longiori – longissimae • **e)** sacerdotis sancti: sanctioris – sanctissimi • **f)** famem gravem: graviorem – gravissimam

2.

	Positiv	Komparativ	Superlativ
a) venti	acres	acriores	acerrimi
b) casus	similes	similiores	simillimi/simillimos
c) itinera	difficilia	difficiliora	difficillima
d) animal	pulchrum	pulchrius	pulcherrimum
e) navibus	celeribus	celerioribus	celerrimis

3. **a)** proximus **b)** optimus **c)** pari **d)** summus **e)** afferremus **f)** malimus

4. **a)** Wenige Menschen verwenden viele Stunden auf das Lesen. • **b)** Lasst uns sehr sorgfältig die Sätze der Philosophen lesen und sehr gut diejenigen im Gedächtnis behalten, die wir gelesen haben! • **c)** Besonders werde ich beunruhigt, weil viele Bücher lange Zeit vernachlässigt (umher)liegen. • **d)** Übergeht nicht die Gelegenheit, ein nützliches Buch sorgfältig zu lesen. • **e)** Es steht fest, dass kein Buch so schlecht ist, dass es niemandem nützlich ist. • **f)** Bücher erfreuen einen Menschen nicht, der nicht lesen kann (der des Lesens unkundig ist).

Prohibitiv: **d)** Ne praeterieritis • Hortativ: **b)** legamus / retineamus • Gerundium: **d)** und **f)** legendi • Partizip: **c)** neglecti • AcI: **e)** librum … malum esse

5. Da ja die Germanen Gebiete bewohnten, die im Norden liegen (nach Norden hin schauen), wurden sie mit Kleidern geschützt (schützten sich), die für sehr kalte Orte besonders geeignet waren. Das Kleidungsstück, das allen gemeinsam war (*wörtlich:* das allen gemeinsame Kleidungsstück), war ein gewisser Mantel, ein besserer für die Reichen, ein schlechterer für die Armen. Deshalb ist es kein Wunder (nicht erstaunlich), dass die Ärmsten mit den schlechtesten Kleidern bekleidet waren. Manche waren sogar mit Fellen wilder Tiere bekleidet.

67

1.

	Imperfekt	Futur I	Perfekt	Plusquamperfekt
a)	arbitrabar	arbitrabor	arbitratus sum	arbitratus eram
b)	verebaris	vereberis	veritus es	veritus eras
c)	confitebatur	confitebitur	confessus est	confessus erat
d)	imitabamur	imitabimur	imitati sumus	imitati eramus
e)	versabamini	versabimini	versati estis	versati eratis
f)	hortabantur	hortabuntur	hortati sunt	hortati erant

2.

Ind.	miror	hortantur	confiteris	veremini
Konj.	mirer	hortentur	confitearis	vereamini
Impf.	mirarer	hortarentur	confitereris	vereremini
Ind.	mirabar	hortabantur	confitebaris	verebamini
Plusqpf.	miratus eram	hortati erant	confessus eras	veriti eratis
Konj.	miratus essem	hortati essent	confessus esses	veriti essetis

3. • colo ⇨ vereor / colant ⇨ vereantur / colimur ⇨ X / colite ⇨ veremini / colerent ⇨ vererentur / coluisti ⇨ veritus es / coluerant ⇨ veriti erant / colebat ⇨ verebatur / colent ⇨ verebuntur
• censuerunt ⇨ arbitrati sunt / censet ⇨ arbitratur / censeant ⇨ arbitrentur / censueram ⇨ arbitratus eram / censeretur ⇨ X / censeres ⇨ arbitrareris / censebunt ⇨ arbitrabuntur / censuit ⇨ arbitratus est / censuero ⇨ arbitratus ero

4. **a)** Arbitror te vitia semper confiteri / confessum esse / confessurum esse. • **b)** Arbitror vos libenter Romae versari / versatos esse / versaturos esse.

1.

Imperfekt	Futur I	Perfekt	Plusquamperfekt
sequebar	sequar	secutus sum	secutus eram
patiebatur	patietur	passus est	passus erat
loquebamur	loquemur	locuti sumus	locuti eramus
experiebantur	experientur	experti sunt	experti erant
obliviscebaris	oblivisceris	oblitus es	oblitus eras
utebamur	utemur	usi sumus	usi eramus
proficiscebantur	proficiscentur	profecti sunt	profecti erant

2. ■ aggreditur ▸ Konj. aggrediatur ▸ Impf. aggrederetur ▸ Ind. aggrediebatur ▸ Plusqpf. aggressus erat ▸ Konj. aggressus esset
■ experitur ▸ Konj. experiatur ▸ Impf. experiretur ▸ Ind. experiebatur ▸ Plusqpf. expertus erat ▸ Konj. expertus esset
■ loquor ▸ Konj. loquar ▸ Impf. loquerer ▸ Ind. loquebar ▸ Plusqpf. locutus eram ▸ Konj. locutus essem
■ sequimur ▸ Konj. sequamur ▸ Impf. sequeremur ▸ Ind. sequebamur ▸ Plusqpf. secuti eramus ▸ Konj. secuti essemus

3. ■ dixerat ▸ locutus erat / dicerent ▸ loquerentur / dic ▸ loquere / dicebam ▸ loquebar / dixi ▸ locutus sum / dicis ▸ loqueris

■ perrexit ▸ profectus est / perge ▸ proficiscere / pergo ▸ proficiscor / pergeret ▸ proficisceretur / perget ▸ proficiscetur / perrexerant ▸ profecti erant

4. a) Opto, ne viros improbos imiteris. Ich wünsche, dass du schlechte Männer (Menschen) nicht nachahmst. • b) Opto, ut semper vitia vestra confiteamini. Ich wünsche, dass ihr immer eure Fehler (ein)gesteht. • c) Opto, ut parentes tuos verearis et diligas. Ich wünsche, dass du deine Eltern verehrst und hochachtest.

1. a) multum operae: viel Mühe • b) paulum sapientiae: ein wenig Weisheit • c) Quid consilii?: Welcher Entschluss? • d) nihil auctoritatis: kein Ansehen • e) aliquid dignitatis: irgendeine Würde • f) satis ingenii: genügend Begabung • g) magna vis argenti: eine große Menge Silber • h) copia auri: eine Menge Gold • i) duo milia militum: zweitausend Soldaten • j) nihil pecuniae: kein Geld • k) aliquid boni: irgendein Gut (etwas Gutes)

2. Passiv: a) fit – b) fiebant – c) fies – d) factum est – e) fieri
Aktiv: a) facerent – b) fecerant – c) facis – d) faciat – e) fecisse

3. Alle Anwesenden hörten den Boten möglichst aufmerksam (gewissenhaft): „Eine schwere Schandtat, ein unglaubliches Unrecht, eine schändliche Niederlage haben wir wegen der Unbesonnenheit eines Einzigen erlitten. (**Weil (kausal)** Varus glaubte, dass …) In der Meinung, dass die Germanen nichts Menschliches außer eine Stimme und Körperteile besäßen, wollte der Feldherr Varus sie lieber mit dem Schwert als durch Gerechtigkeit besiegen. **Da (kausal)** diese durch die Überheblichkeit und die Frechheit des Varus in Zorn gerieten, bereiteten sie zunächst einen Hinterhalt und Angriffe vor, hierauf widersetzten sie sich äußerst energisch unseren Soldaten auf dem Marsch und raubten (Feld-)Zeichen und Waffen. **Dadurch dass (modal)** drei Legionen in gewissen düsteren Wäldern niedergeschlagen worden waren, wurden Angst und Furcht vor den Germanen wiederhergestellt."
Nachdem (temporal) die Freunde weggeschickt worden waren, befahl Augustus sofort, dass in der ganzen Stadt Wachposten aufgestellt werden, damit die Bürger nicht zu sehr beunruhigt werden. Dann trat er an die Priester heran, die behaupteten, dass der Kaiser den Staat retten (könne) werde, **wenn (konditional)** er dem Jupiter Optimus Maximus Opfer darbringe. **Obwohl (konzessiv)** diese Opfer dargebracht worden waren, fürchtete Augustus dennoch ein sehr großes Unglück für den Staat. **Da (kausal)** er von tiefster (!) Trauer erschüttert (bewegt) wurde, klagte er: „Varus, Varus, gib die Legionen zurück!"
b) Niederlage der Römer: flagitium, iniuria, clades, caedere / Ursache: temeritas, superbia, audacia / Reaktion in Rom: timor metusque / c) … propter temeritatem unius … / d) (in der Übersetzung hervorgehoben) / e) Unsicherheit, Suche nach Hilfe, Trauer: vigiliae, sacerdotes, sacra facere, servare, luctus, queri

1. Nachdem Nero erkannt hatte, dass er von seinem Feldherrn Galba und den Legionen verlassen worden war, wurde er durch diese Nachricht zunächst schwer beunruhigt, hierauf schloss er sich aus Angst zu Hause ein, lag lange wortlos (ohne Stimme) auf seinem Bett, und schrie schließlich: „Es ist um mich geschehen." Dennoch gab er weder seine Gewohnheiten noch seine Verschwendungssucht auf. Im Gegenteil, immer wenn etwas Angenehmes aus den Provinzen berichtet wurde, verspottete er fröhlich Galba und die Soldaten mit unanständigen Scherzen. Oft geriet Nero in Zorn, griff seine Freunde an und bedrohte sie. Außerdem fasste er wutentbrannt viele verbrecherische Pläne: Bald beschloss er alle Senatoren zu vergiften, bald wilde Tiere auf das Volk zu hetzen, bald die Stadt in Brand zu stecken.
Als Nero bemerkt hatte, dass das Ende seiner Herrschaft sehr schnell gekommen ist, beklagte er sein Schicksal und° irrte vom Wahnsinn angetrieben durch sein Haus, wobei er immer wieder schrie: „Ich werde freiwillig sterben. Aber ich habe weder einen Freund noch einen Feind, durch dessen Hand ich umkomme (umkommen kann°)." Schließlich beging er Selbstmord in einem dunklen Landhaus, wobei ihm seine Freunde energisch zusetzten, dass er sich endlich das Leben nehmen solle.

2. a) Es steht fest, dass Archimedes nicht nur Naturgesetze gefunden hat, sondern auch einige Kriegsgeräte (-instrumente) erprobt (versucht) hat. • b) Thales hat, wie ich glaube, die erste Sonnenfinsternis angezeigt. • c) Viele Redner glauben, dass Gorgias als Erster die Gesetze des guten Redens (einer guten Rede / gut zu reden) gebraucht hat. • d) Alle Philosophen gestehen ein, dass Cicero den Römern die griechische Philosophie überliefert hat. • e) Bei dem Schriftsteller Livius lesen wir, dass zehn Männer, die sich mehrere Monate in Athen aufgehalten hatten, die ersten Gesetze der Römer aufgeschrieben haben. • f) Wir wissen, dass von griechischen Philosophen freilich die Menschlichkeit (Bildung) und die Wissenschaft(en) gefunden wurden.

3. Betrachtet diese Menge von Menschen, die die groß(räumig)en Gebäude unserer Stadt kaum aufnehmen (können)! Der größte Teil dieser Menschenmenge hat keine Heimat. Sie sind aus ihren Städten und aus den entferntesten Gebieten, schließlich aus der ganzen Welt zusammengekommen. Welcher Entschluss hat sie hergeführt?
Die einen sind begierig danach, trügerische und dunkle Geschäfte zu machen, die anderen, Freunde (wieder) zu finden, andere, bei den Spielen zuzuschauen, andere, die Redegewandtheit unserer Redner zu bewundern, andere, Prozesse zu führen, ja andere sogar, sich politisch zu betätigen.
Jede Art von Menschen hält sich in unserer Stadt auf. Befiehl all diesen, ihre° Heimat zu nennen! Du wirst eingestehen müssen, dass ein ziemlich großer Teil, nachdem die Wohnsitze verlassen worden waren, in die größte und geradezu schönste Stadt gekommen ist, aber dennoch nicht in die eigene.

70

I. LEHRER: Heute werdet ihr einen berühmten Schriftsteller kennenlernen, im Vergleich zu dem kaum jemand die christliche Religion mehr förderte / der die christliche Religion förderte wie kaum einer. Dieser Mann wird auch „Kirchenvater" genannt. Als junger Mann aber war jener von verdorbenen und schlechten Sitten (~ er hatte ...), bis Gott selbst ihn zu einem ehrenhaften Leben zurückrief. COCLES (zu seinem Freund): Oh, ich weiß schon. Der Lehrer will uns mit Hilfe einer Geschichte, aus der wir Sitten lernen müssen, unterrichten. Auch du kennst den folgenden Satz: Was immer es ist, ich fürchte die Griechen, auch diejenigen, welche Geschenke bringen. LEHRER: Schweig, du Dummkopf! – Wisst ihr, von welchem Schriftsteller ich gesprochen habe? Was meinst du, Cocles? COCLES schweigt. LEHRER: Was meinst du, Hieronymus? Hoffentlich sagst wenigstens du seinen Namen!

Aufgaben zu I. **1** Abl. des Vergleichs. Signalwort: *magis* (Komparativ!) **2** Prädikativum **3** *moribus corruptis et malis*: Abl. der Beschaffenheit. *fabula*: Abl. des Mittels **4** Cocles spielt auf das Trojanische Pferd an, ein Geschenk also, das die Trojaner freudig entgegennahmen, wovon sie aber schnell enttäuscht wurden. Ähnliches, meint Cocles, biete der Lehrer: Er behaupte ebenfalls, ein wundervolles „Geschenk" für die Kinder zu haben; tatsächlich aber sei etwas Enttäuschendes zu erwarten. Dass Cocles mit seiner Vermutung Unrecht hat, zeigt sich aber im Folgenden. **5** indirekter bzw. abhängiger Fragesatz **6** Optativ. Signalwort: *utinam*

II. HIERONYMUS: Ich bedaure, dass ich nicht antworten kann. Doch sprechen soll jeder, der alles weiß! Also mögest du selbst bitte dessen

Namen sagen! Wenn ich so gelehrt wäre wie du, wäre das auch für mich nicht schwierig. LEHRER: Du hast gut gesprochen, auch wenn ich deine Unwissenheit auf keine Weise für gut befinde. Lasst uns an die Bücher gehen und jenes Kapitel lesen, das sich in dem Buch findet (in dem Buch gefunden wird), das Augustinus, jener sehr berühmte christliche Schriftsteller, verfasst hat. Cocles, lies die Worte Augustins vor!

Aufgaben zu II. **1** Hortativ: *adeamus, legamus.* Jussiv: *dicat.* Imperativ: *recita.* Optativ: *dicas.* Irrealis: *essem, esset* **2** *melius, optime* (Adv.!) **3** *fuissem, fuisset* **4** Relativpron.: *quo, quidquid, quisquis, quod, quem.* Indefinitpron.: *quisquam.* Demonstrativpron.: *is, ille, ipse, eum, hanc, eius, illud, hoc.* Personalpron.: *nos, tu, ego.* Interrogativpron.: *quo, quid.* Possessivpron.: *tuam.*

III. Auf welche Weise Augustinus zu einem frommen und ehrenhaften Leben bekehrt worden ist – Ich lag unter einem gewissen Baum und ließ meinen Tränen freien Lauf – und ein Tränenstrom schoss aus meinen Augen; und ich sprach zu Gott, allerdings nicht in diesen Worten, sondern in ungefähr diesem Sinn: „Wie lange, Herr, wie lange wirst zornig gegen mich sein? Erinnere dich nicht an meine alten Verbrechen!" Ich stieß unglückliche Worte aus: „Wie lange werde ich in Schmerzen festgehalten werden? Warum ist in dieser Stunde kein Ende dieser Schmerzen? Schiebe meine Rettung nicht auf!" Ich sagte dies und weinte mit todtrauriger Seele.

Aufgaben zu III. **1** ein Tränenstrom schoss aus meinen Augen – ich stieß unglückliche Worte aus **2** Das Imperfekt markiert hier wiederholte Handlungen oder Ereignisse in der Vergangenheit. **3** Abl. der Zeit **4** Z. 3: *Ne memor fueris …* (Prohibitiv). Z. 5: *Noli differre …* (Pl. *Nolite …*)

IV. Plötzlich hörte ich von dem Haus, das in der Nähe war, die Stimme irgendeines (Menschen) – ich weiß nicht, ob die eines Jungen oder die eines Mädchens: „Nimm und lies; nimm und lies!" Sofort begann ich mit verändertem Gesichtsausdruck zu überlegen, ob Kinder bei irgendeiner Art von Spiel solches singen. Aber derartiges hatte ich (noch) nie gehört. Deshalb stand ich auf und erkannte, dass Gott mir befahl, das heilige Buch zu öffnen und dasjenige zu lesen, was ich zuerst gefunden hätte.

Aufgaben zu IV. **1** Zwei indir. Fragesätze: **a)** Satzfrage: *Cogitare coepi, num …* **b)** Wahlfrage: *Nescio, utrum … an …* – Weitere Möglichkeiten der Einleitung: **a)** Satzfrage: *-ne* (d. h.: *Cogitare coepi, liberine …*) **b)** Wahlfrage: *(-ne) … an* (d. h.: *Nescio, pueri(ne) an puellae …*) **2** Objektsatz (abhängiger Begehrsatz)

V. Schnell kehrte ich zu dem Ort zurück, wo ich das Buch abgelegt hatte. Ich hob es auf, schlug es auf (öffnete es) und las schweigend das Kapitel, wohin meine Augen (~ Blick) zuerst gezogen wurden: *(Übersetzung vgl. Text)* Ich wollte weder weiter lesen noch war dies nötig. Sofort wurde das Licht des Friedens in mein Herz gegossen und alle Dunkelheit des Zweifels entfloh.

Aufgaben zu V. **1** *abire* weggehen, *adire* herantreten, *exire* herausgehen, *inire* hineingehen, beginnen, *perire* umkommen, zugrunde gehen, *praeterire* vorbeigehen, übergehen, *redire* zurückgehen, zurückkehren **2** *deponere, tollere, aperire, legere* **3** Prohibitiv **4** *ambulemus* wird mit „leben" übersetzt (eigtl.: wandern, d. h. durchs Leben wandern) – *non in* wird mit „ohne" übersetzt – *induere* wird mit „das neue Gewand anlegen" übersetzt. **5** Der Lehrer spricht in T I, Z. 4 f., von *mores corrupti et mali*, die Augustinus als *adulescens* hatte. Die Bekehrung Augustins erfolgte nach einem Erlebnis, bei dem Gott zu ihm sprach *(donec Deus ipse … revocaret).* Augustin selbst erwähnt in T III, Z. 3 f., *facinora antiqua* – er erläutert diese *facinora* nicht näher, wohl weil er selbst nicht daran erinnert werden will. Auch erfährt der Leser, dass sich Augustin in einer schmerzvollen Lage der Unzufriedenheit und der Sehnsucht nach einem Zeichen Gottes befindet *(lacrimae, voces miserae, dolores).* Augustin hat also vor seiner Bekehrung Angst vor dem Zorn Gottes und vor der Verdammnis *(irasci, salutem differre).*

71

I. SCHÜLER: Schau, Lehrer, eine Weltkarte, die ich von Zuhause hierher mitgebracht habe! Mein Vater hat sie neulich gekauft. Er sagte: „Das sind die Teile einer Erdkugel, aus denen wir ein Modell der Welt herstellen können." Aber ein Einziges gibt es, das ich nicht verstehe: Warum wird das Land, das von allen „Neue Welt" genannt wird, auf dieser Weltkarte „America" genannt? Lehrer: Du hast uns eine wunderschöne Sache mitgebracht – eine Sache, die viel wert ist. Betrachtet dieses Abbild der Welt, Schüler. Anders nämlich dürftet ihr wohl nicht erkennen, dass die Erde eine Kugel ist, keine Scheibe. Gerne aber werde ich erklären, warum die meisten jenes Land „America" nennen. Neulich hat Martinus Hylacomylus (in der Landessprache Martin Waldseemüller), ein gelehrter Mann, dazu aufgefordert, dass jenes Land von Amerigo Vespucci her seinen Namen bekomme, weil Amerigo Vespucci als Erster erkannt habe, dass jenes Land ein neuer Kontinent ist. Dies hatte vorher niemand bemerkt; alle glaubten, dass jenes Land, welches von Christoph Columbus gefunden worden war, ein Teil Asiens sei. Vespucci hat außerdem, nachdem er immer wieder nach Amerika gesegelt war, das Land selbst, die Tiere, die Menschen und deren Bräuche beschrieben. Weil ihr alle, wie ich hoffe, mehr kennenlernen wollt, lasst uns jenes Werk des Amerigo Vespucci, welches sich in meiner Bibliothek befindet, lesen!

Aufgaben zu I. ◼ *quam omnes „mundum novum" appellant* ◼ Gen. des Wertes ◼ *cognoscatis:* Potentialis der Gegenwart. *legamus:* Hortativ ◼ *dicant* ist Prädikat im indir. Fragesatz (eingeleitet mit *quare*) und steht deshalb im Konj. ◼ Prädikativum ◼ Prädikatsnomen ◼ *omnes putaverunt illam* terram a Christophoro Columbo inventam *partem Asiae esse* ◼ *multum, plurimum* ◼ Z. 12: temporal – Z. 13: kausal ◼ Z. 8: „dass" (abhängiger Begehrsatz) – Z. 13: „wie" (komparativ) – im Text nicht vertreten: *ut* „sobald" (temporal), *ut* „dass, sodass" (konsekutiv), *ut* „dass, damit" (final) ◼ *aliter, libenter* (Endung *-ter*). *antea, praeterea* (ursprünglich Präpositionalausdrücke: *ante ea, praeter ea*). *domo* (Adverb nach dem Abl. eines Substantivs). *huc, nuper, iterum atque iterum, plus*

II. Des Amerigo Vespucci Beschreibung der Neuen Welt: Über die Menschen und ihre Bräuche – Wir fanden in jenen Gebieten eine solche Vielzahl an Stämmen, wie niemand sie berechnen könnte. Alle (Menschen) beiderlei Geschlechts sind nackt, wobei sie keinen Teil des Körpers bedecken; und wie sie geboren worden sind, so gehen sie bis zum Tode. Sie haben große Körper, wohlgeordnet und rötlich. Dies, so glaube ich, passiert ihnen, weil sie von der Sonne gefärbt werden. Sie haben volles Haar und schöne Gesichtszüge. Diese jedoch verderben sie sich selbst. Denn diese durchbohren sich Backen, Lippen, Nase und Ohren. Glaube nicht, dass jene Löcher klein wären oder dass jene nur eines hätten. Auch ist dies nur der Brauch der Männer. Denn die Frauen durchbohren sich die Gesichter nicht, sondern nur die Ohren.

Aufgaben zu II. ◼ *Quod* (Kasus: Akk. Satzglied: Akk. des AcI) – *Quos* (Kasus: Akk. Satzglied: Objekt zu *corrumpunt*) ◼ *tantam … quantam – ut … sic*

III. Auch haben sie kein (privates) Vermögen, sondern alles ist gemeinsam; sie leben ohne König, ohne Herrschaft. Und jeder ist sich selbst der (eigene) Herr. So viele Frauen haben sie, wie sie wollen. Wie oft sie wollen, (so oft) schicken sie eine Ehefrau weg. Die Frauen vergaßen, immer wenn sie mit uns Christen zusammenkommen konnten, angetrieben von allzu großer Lust, jedes Schamgefühl. Außerdem haben sie keinen Tempel und haben kein Gesetz. Was soll ich sagen? Sie leben im Einklang mit der Natur.

Aufgaben zu III. ◼ *tot … quot – quotiens … (totiens)* ◼ „immer wenn" (iteratives *cum*) ◼ *adductae, permotae, commotae* ◼ Deliberativ

IV. Es gibt unter ihnen keine Kaufleute und keinen Handel. Die Völker führen untereinander Kriege ohne Kunstfertigkeit. Die Greise lenken die jungen Männer mit gewissen Reden zu dem hin, was sie wollen, und entflammen dieselben zu Kriegen, in denen sie sich gegenseitig grausam töten. Und diejenigen, welche sie als Gefangene aus dem Krieg führen, bewahren sie nicht wegen des Lebens derer, sondern wegen ihrer eigenen Ernährung. Denn die einen essen die anderen und die Sieger die Besiegten. Sie leben viele Jahre und werden selten krank. Und wenn sie einen widrigen Gesundheitszustand haben, stellen sie sich selbst mit gewissen Kräutern wieder her. Das ist es, was ich bei jenen kennengelernt habe.

Aufgaben zu IV. ◼ Prädikativum ◼ *(ali)quam:* Indefinitpron. *se:* Reflexivpron. *ipsos:* Demonstrativpron. *quibusdam:* Indefinitpron. ◼ Dehnungsperf.: *interficiunt* (*interficere*), *victos* (*vincere*), *afficiuntur* (*afficere*) – Perf. o. Stammveränderung: *incendunt* (*incendere*), *restituunt* (*restituere*) – v-Perf.: *servant* (*servare*), *cognovi* –(*cognoscere*) – s-Perf.: *flectunt* (*flectere*), *ducunt* (*ducere*), *vivunt* (*vivere*) – u-Perf.: *habent* (*habere*) ◼ Possessivpron.: *sui / suorum*. Demonstrativpron.: *eos / eum, id / ea, eosdem / eundem, eorum / eius, ipsos / ipsum, haec / hoc, illos / illum*

72

I. LUCIUS: Die Philosophen der Griechen glaubten, es sei die größte Sache, die Natur kennenzulernen. Auch du bist, wie ich sehe, mit der Erforschung der Welt beschäftigt. Seneca: So ist es. Ich sehe die Natur nicht wie die meisten, sondern will deren verborgene Geheimnisse erforschen. Ich lerne, wie beschaffen die Materie des Weltalls ist, wer der Gründer und Wächter der Welt ist, was Gott ist und ob Gott Rücksicht nimmt auf uns und für uns sorgt. Wir betrachten die verschiedenen Wege der Sterne. Wir beobachten, wo ein jeder Stern aufgeht, wo der höchste Punkt seiner Bahn ist, wo der Stern hinabsteigt. Wir wollen erkennen, ob in allen Dingen eine bestimmte Ordnung ist und ob verschiedene Dinge so verbunden sind, dass der vorhergehende Sachverhalt Ursache ist für andere Dinge.

Aufgaben zu I. **1** Komparativ (Z. 3), Vergleichssatz (Z. 2) – konsekutiver *ut*-Satz (Z. 9) **2** Wortfragen: *qualis, quis, quid* (Z. 4), *ubi* (Z. 6 f.); Satzfragen: *num* (Z. 4), *-ne* (Z. 8). Beweis: Diese abhängigen Fragesätze hängen von Verben wie *discere, observare, cognoscere* ab und sie stehen im Konj. – Weitere Fragewörter: *cur, unde, quare, quamobrem, quam, qualis, quantus, qua, quando, quin, quisnam, quo, quot, quotiens* **3** Dat. des Vorteils (Dat. *commodi*) **4** *arbitrari (arbitror, arbitratus sum). oriri (orior, ortus sum)*

II. LUCIUS: Ich sehe, dass dir das Studium der Natur am Herzen liegt. Sicherlich meinst du, dass es das höchste Gut ist, die Natur zu erforschen. SENECA: Wenn ich nicht zur Erforschung der Natur zugelassen werden würde, wäre das Leben für mich wertlos. Welcher Gegenstand nämlich würde mir dann Freude bereiten?

LUCIUS: Aber was nützt dir diese Naturerforschung? SENECA: Sicherlich ist diese Erforschung von Nutzen, aber die Freude des Erkennens ist schöner als der Nutzen und (schöner als) aller Lohn. Wir forschen nicht, weil wir mit der Forschung den Nutzen vermehren, sondern weil wir die Geheimnisse der Natur erkennen wollen. Was nämlich ist größer, als die Natur zu kennen? Immer wenn (indem) wir, angetrieben von der Hoffnung auf Erkenntnis, die Natur der Dinge (der Welt) verstehen, bereiten wir uns die höchste Freude.

Aufgaben zu II. **1** *cordi esse, gaudio esse, usui esse.* Weitere Wortverbindungen mit Dat. des Zwecks: *honori esse*: Ehre einbringen, *curae esse*: Sorge bereiten, *ornamento esse*: als Schmuck dienen, *odio esse*: verhasst sein, *auxilio venire*: zu Hilfe kommen, *crimini dare*: zum Vorwurf machen **2** *inesse*: enthalten sein, innewohnen, *prodesse*: nützen, nützlich sein, *adesse*: da sein, helfen, *abesse*: abwesend sein, *praeesse*: an der Spitze stehen, leiten, *interesse*: dazwischen sein, teilnehmen an, *deesse*: abwesend sein fehlen **3** Irrealis **4** *utilitate / praemio*: Abl. des Vergleichs (Abl. comparativus). *investigatione*: Abl. des Mittels (Abl. instrumentalis) **5** Gerundium: *gaudium cognoscendi, cognoscendi spe*. Gerundivum: *in natura investiganda, ad naturam investigandam* **6** I: *maximam rem esse* (Z. 1) – II: *studium ... esse, summum bonum esse* (Z. 1 f.)

Fünf Konstruktionen – eine Bedeutung!
a) Gerundium b) Participium coniunctum c) modaler Adverbialsatz d) Gerundivum e) Abl. abs. – Anderes Zeitverhältnis in e), nämlich Vorzeitigkeit

73

I. MARCUS: Das Rechtswesen gefällt mir; dennoch bekomme ich Angst; denn es ist, wie ich glaube, sehr schwer, überlieferte Gesetze zu lernen, Prozesse zu führen und Reden zu halten. CICERO: Sicherlich ist eine gerichtliche Untersuchung eine große und schwierige Angelegenheit. Dennoch treibt der Nutzen dieser Tätigkeit die Menschen dazu an, die Mühe des Lernens auf sich zu nehmen. MARCUS: Was ist die größte Pflicht derjenigen (Leute), die rechtskundig sind? CICERO: Deren Aufgabe ist es, das Recht zu bewahren und Gerechtigkeit zu pflegen in allen Angelegenheiten, die die Bürger betreffen.

Aufgaben zu I. **1** Attribut zu *res* **2** Gerundium **3** rechtskundig, rechtsgelehrt; der Rechtskundige, der Rechtsgelehrte **4** *ignarus*: unwissend, *acerbus*: bitter, grausam, rücksichtslos, *diligens*: sorgfältig, gewissenhaft, *cupidus*: gierig, begierig nach, *indignus*: unwürdig, *memor*: in Erinnerung an, *nimius*: übermäßig, zu groß, *gratus*: dankbar, willkommen, beliebt, *plenus*: voll, *exter*: ausländisch, *dignus*: würdig. Konstruktion m. Abl.: *dignus, indignus* **5** Gen. der Zugehörigkeit **6** *disco, didici, doctus – ago, egi, actum – impello, impuli, impulsum – suscipio, suscepi, susceptum – colo, colui, cultum*

II. CICERO: Du vermutest richtig. Beim Führen von Prozessen müssen wir stets näher bestimmen, worüber verhandelt wird: Alles ist mit Hilfe von Definitionen zu erklären. Mit einer Definition nämlich erklären wir kurz, was das charakteristische Merkmal derjenigen Sache ist, die wir näher bestimmen wollen. MARCUS: Also muss ein Rechtsgelehrter sorgfältig überlegen.

Muss dieser nicht etwa auch ein vollendeter Redner sein? CICERO: Sicher. Er soll nicht irgendein Schreihals sein! Ein Rechtskundiger soll mit seiner Redekunst das Verbrechen eines schuldigen Menschen verfolgen, einen Unschuldigen aber soll er von der Strafe der Gerichte befreien! MARCUS: Welches Ansehen haben Rechtsgelehrte? CICERO: Sie haben viel Ehre, (viel) Ansehen, (viel) Würde. Wer weiß dies nicht? In unserem Staat sind alle, die rechtskundig sind, die bedeutendsten und berühmtesten Männer.

Aufgaben zu II. **1** *nobis definiendum est – viro iuris perito diligenter cogitandum est.* Beide Gerundive sind unpersönlich konstruiert. **2** *non sit – persequatur – liberet* (Z. 6 f.) **3** „haben", vgl. *amicis uti* „Freunde haben" **4** Dat. des Besitzers **5** Gen. partitivus **6** *Nonne ...* (Z. 4 f.) – *Quis hoc ignorat?* (Z. 9)

Orts- und Zeitangaben. Wann? *hoc tempore, media nocte, quinto quoque anno, postero die, interea, antea.* **Wie lange?** *multas horas, multos menses.* **Wo?** *domi, Athenis, toto imperio, Romae, in castris, multis locis, terra marique, istic, foris, sub monte, media in fronte.* **Wohin?** *Corinthum, foras, illuc, extra castra, eo, in castra, huc.* **Woher?** *Athenis, domo, inde.*